LOCUS

LOCUS

from
vision

from 150
新 AI 與新人類：
學習、認知與生命的進化新路程

{

< 作者 > 蘇經天

< 責任編輯 > 丁名慶

< 美術設計 > 簡廷昇

< 法律顧問 > 董安丹律師、顧慕堯律師

< 出版者 > 大塊文化出版股份有限公司

　　　　105022 台北市松山區南京東路四段 25 號 11 樓

　　　　www.locuspublishing.com

< 讀者服務專線 >0800-006-689

< TEL > （02）87123898　 < FAX > （02）87123897

< 郵撥帳號 >18955675　 < 戶名 > 大塊文化出版股份有限公司

版權所有　侵權必究

< 總經銷 > 大和書報圖書股份有限公司

< 地址 > 新北市新莊區五工五路 2 號

< TEL > （02）89902588（代表號）　 < FAX > （02）22901658

< 製版 > 中原造像股份有限公司

< 初版一刷 >2023 年 9 月

< 初版三刷 >2024 年 1 月

< 定價 > 新台幣 480 元

Printed in Taiwan

}

蘇經天
分子與細胞生物學博士
腦神經跨領域專家

新 AI 與 新人類

學習、認知與生命的進化新路程

各界推薦

（依姓名筆畫序）

　　蘇博士的書詳盡地闡述了許多關於人工智慧的寶貴知識，讓讀者了解到人工智慧的應用，其原始架構來自人腦的神經系統結構。個人對於人工智慧的基本了解，是來自一個紀念李國鼎先生、鼓勵科學與藝術結合的獎項，稱為 KT 科藝獎。在多年前的比賽裡，「互動藝術」的銀獎，頒給了一位用互動藝術的手法，解釋人工智慧原理的創作者。這位學生以卷積雲類神經網路為例，利用五塊透明板，以及穿過板上各座標的光纖拉線，來解釋人工智慧如何從動物圖片中擷取資料，重新排列資料……一步步完成辨識各圖片中所示動物的名稱。蘇博士這本書，有同樣的奧妙之處，具可讀性，讓讀者可以進入人工智慧的堂奧。

—— **朱雲鵬**（東吳大學巨量資料管理學院講座教授）

　　蘇經天博士以其豐富之學養，仔細地對人工智慧在各個不同生活或科學領域的發展以及應用，進行完整的盤點，更進一步往人工智慧與人類之間的互動，就「革命」與「進化」兩個面向進行論述，討論人類應該如何小心地善加利用人工智慧的超強大能力。

—— **吳忠勳**（財團法人生物技術開發中心執行長）

　　從演化的歷史，人類憑藉著獨特的大腦智慧，發明出各式各樣的工具與技術，來增強或延伸我們的能力，上個世紀幾波工業革命已經大規模推進人類文明發展的進程。本世紀 20 年代的資訊革命，更是將人類的記憶以及計算能力推展到了另一個境界，我們幾乎可以儲存以及處理過去人類歷史所產生的巨量資訊，這也奠定了目前人工智慧的基礎。

　　但是不管過去這些技術如何發展，都還在人類可以掌握與理解的範圍。然而隨著人工智慧的到來，作者從人類腦神經科學認知發展以及演化的角度，對比人工智慧在學習人腦運作的速度與規模（幾乎把成千上萬的聰明人腦聚集在一起）所帶來的衝擊，深刻地點出人類對未來 AI 技術的期待與焦慮 —— 人類或許再也無法完全理解以及掌控未來人工智慧的「神力」與所帶來的未知影響！

　　面對這樣的變革，蘇博士以神經科學家的獨特觀點，強調我們都需要重新學習如何與人工智慧共同成長，建立新的觀念和習慣，方能開展一場新 AI 與新人類共創的奇幻旅程。相信這本書除了對人工智慧技術發展的介紹之外，讀者可以更進一步去理解，人類認知演進與人工智慧發展的相互關聯，有助於讀者對於 AI 技術的應用，能有更深的啟發。

—— 沈慶堯（緯創資通執行副總經理）

　　蘇經天博士新作《新 AI 與新人類》，令我印象最深刻的是第三部中關於「創造人生的新風景」的獨特視角。面對新 AI 的來臨，許多人非常恐懼和抗拒，書中建議離開舒適區的五個階段，最終達到接受階段，並找到新的舒適區。透過 AI 的協助評估與預測，進而回歸個人決策權新時代的開始。正如書中所說，新 AI 已經成為橫亙在我們面前的新風景，我們可以決定自己與這片奇妙風景之間的距離和關係。

　　最後以蘇博士說的一段話和大家共勉：新 AI 也是一段旅程，不用懼怕，與它同行，也許你也會成為別人旅程中的風景。

── **貝先芝**（國家生技研究園區創服育成中心副執行長）

　　胡適曾說：「為學當如金字塔，要能廣大要能高」，蘇博士這本書的內容正是既廣又高。不但介紹了多種熱門的「新 AI」工具，還包括最熱門的 AI 工具提問訣竅，也由高處俯瞰 AI 發展，再延伸討論到人類的認知革命，最終如何善用「超級人工智慧」，邁向人類下階段的舒適區。本書的地位絕對是當前 AI 書籍的金字塔。

── **洪志鵬**（funP 雲沛創新集團營運長、曾任 Microsoft 微軟全球技術中心副總經理）

蘇經天博士秉其精彩的學術背景（分子生物學、神經科學）為經，更以其在生醫領域令人驚艷而寬廣的高階經歷為緯，精心出版了《新AI與新人類》一書，為新人類闡述了近年突然全球化的 ChatGPT 的新 AI 發展。

書中從新 AI 對全球化的趨勢，到個人身心的變革，特別是對新人類的大腦認知產生的影響，進行了深入分析。本書是 AI 領域的權威著作，追求卓越的讀者，可攜手超級新 AI 的浪潮，提升自己的人生、創造更理想的未來。

── **胡幼圃**（台北醫學大學藥學院講座教授，曾任衛生署藥政處處長）

AI 是「三人行，必有我師焉」的現代實踐版，如書中一再提及的，AI 集合人類智慧和語言，更勝單一專家！

「新 AI 人生」則更是新世代的機遇與挑戰 ── 本書從 AI 概念與應用切入，並更深一層探討認知拓展及學習革命。其實新世代的能源選項跟 AI 發展也息息相關，AI 橫空出世需要強大的電腦運算能力，晶片、電力、網路缺一不可；比如說，如果大停電，會發生什麼情況呢？依賴 AI 者的心靈會極度空虛嗎？這正是本書中希望引發思考，當 AI 發展催生全新「複雜世界」，人們可以如何調適身心的重要性。

── **張大慈**（清華大學分子與細胞生物學研究所榮譽退休教授）

很高興有機會能先拜讀蘇經天博士的大作《新 AI 與新人類》，他從不同的角度，以簡單淺顯的文字逐一介紹人工智慧的發展、應用及對人類未來的影響。例如，AI 是如何進入到我們生活圈？到底發生了哪些改變？它又如何學習人類大腦的思緒？人類又如何從中改變自己的觀念和學習方式？近半年來，ChatGPT 新版本 GPT-4 風起雲湧已獨領風騷，我們正處於尖端科技的浪濤上，又應如何適應？本書將帶給大家一新的省思。

蘇博士是少數幾位擁有科學研發、產業經驗及橫跨資訊與生物雙主修的學者。紐約州立大學石溪分校畢業，專長於分子生物；爾後於約翰霍普金斯大學從事腦神經科學博士後研究。回台後也在國衛院及生技公司服務，是一擁有深厚抽象思考訓練的神經科學家及資訊專家。

AI 目前在生物學上的應用如何？ 1972 年美國生化學家安芬森（Christian Anfinsen）博士，因研究核醣核酸酶如何摺疊，以形成決定其最佳功能的 3D 結構，和另位兩位洛克菲勒學者摩爾（Standford Moore）及史坦（William H. Stein）博士共獲諾貝爾化學獎。安氏在接受諾貝爾化學獎時表示，希望科學界有一天從蛋白質內胺基酸的排列順序中，即可預測其 3D 結構，藉此解開人體內 50 萬個蛋白質的架構，了解生物基本運作，揭開生命現象的奧祕，並有利尋找製藥目標造福人群。五十年後，科學家利用人工智慧的驅動軟體程式，能產生數千個正確的蛋白質結構，也逐漸實現當年安氏的夢想，《科學》

雜誌選此重要進展為 2021 年科學最大的突破。

　　2021 年人工智慧在解決蛋白質結構上進步神速。RoseTTA Fold 揭開數百種蛋白質的結構，皆來自同一類型的藥物標靶。谷歌在倫敦的子公司 DeepMind 宣布可預測 35 萬種人類蛋白質結構，及其他 20 種生物的蛋白質組。AlphaFold 2 和 Cyro-EM，也已揭開由 30 種不同蛋白，組合成細胞核孔複雜的結構，能控制細胞核物質的進出。中國科學家利用 AlphaFold 2，找出 200 種能和 DNA 結合的蛋白質。科學家也利用 AlphaFold 2 模擬 Omicron 的突變，突變後含有較大的胺基酸能改變其形狀，使抗體無法連接到棘狀蛋白並中和病毒。

　　總而言之，AI 已進入人類生活中，一切已不斷在急速改變中，這本新書內容豐富扎實淺顯易懂，仔細閱讀將改變您對未來的認知，更是現代人不可不讀的一本科普。

—— 許英昌（英騰生物科技董事長）

　　自從我在科技部，於 2017 年發起台灣的 AI 推動政策，至今，社會上對 AI 這個新興的名詞，已經到了人人琅琅上口的地步。這也表示人類的社會已經接納 AI 這個劃時代的新工具，並且相當程度的開始在日常之中，使用這個賦予人類超人般能力的新工具。但和以往人類歷史上，造成人類文明重大改變的各種工業革命很不一樣的，就是 AI 這個工具，不像我們讀過的鐵器、瓷器、蒸氣機、電腦等等世代，以往這些改變人類歷史的工具，好歹我們看得到、摸得到，也可以因此學會如何操作，讓自己成為進化社會的人。AI 這個如此偉大的工具，卻是看不見、摸不到，好像是只可意會，無法言傳。

　　幸好，人類天生就是超強的學習者。從嬰兒期開始，人們就擁有天賦的好奇心以及探索的本能，很多人甚至是活到老學到老。而且，人類還有很特殊的想像力，透過好奇、探索、想像，組成人類文明永不間斷的創造力。AI，這個人類發明的新工具，正在人類世界的各個角落，幫助人類開創許許多多新的可能性。相信，很多人會被藏在內心中的好奇心驅動著，好奇的想去了解，AI 這個新工具，到底是怎麼一回事，AI 可以怎麼樣來幫助我，我的生活會受到甚麼樣的影響？

　　閱讀專書是最好的學習之路，很高興作者蘇經天以他多年在企業的經歷，以及對未來的想像，幫我們整理了這本《新 AI 與新人類》。內容深入淺出，很適合想探索 AI 革命的讀者。作者在書中，也嘗試利用 AI 的能力，激發讀者對自己認知能力的提升，這是人類在面對這個新工具時，很好的基本提升，善用工具發揮潛能，原本就是人類在歷史上，能不斷進化的重要能耐。相信讀者可以從閱讀中，激發自己更多的潛能，未來能駕馭著 AI，快樂航向人類新未來。

—— 陳良基（前科技部部長）

　　過去幾十年來，經過許多非常聰明的人的創新，以及更多人的辛苦研究，人工智慧因為 Open AI 及微軟合作的 ChatGTP 而名聲大噪，成為一門創新世代的顯學。除了生成式人工智慧帶來具有人味的驚艷之外，更廣泛的人工智慧也已經將自動機器變成自主機器。一般認為，在很短的將來，具有自主做決定能力的機器，將根本性地改變社會的經濟、文化，甚至地緣政治。這些改變，可以想見將帶來鉅額的財富，但也可能帶來史無前例的危險。

　　蘇博士以他一貫精緻的觀察，批判與原創的思考，將人工智慧做了一個易懂又具深度的介紹，值得一讀。

—— **黃勤修**（前博錸生技技術長）

　　在人類不斷創新思考／洞察未來、突破智慧認知的過程中，蘇經天博士獨特而精彩的新書，以策略性的觀點、全新的視野，闡述了新 AI 對個人心靈及全球認知，所產生的革命性影響。本書在核心的部分，精緻地敘述了新 AI 如何啟發人類追求高質量的認知革命。

　　蘇博士的新書中，除了精闢地探討了新人工智慧的現況，並告訴讀者，在超級新 AI 發展的過程中，如何乘勢開啟、升級、擴大個人認知的邊界，提升自我人生境界。藉著書中提出的振奮人心的願景，成為更智慧的新人類，本書是不可缺少的讀物。

—— **詹啟賢**（國光生技董事長）

　　新 AI 橫空出世，帶來驚喜也引發憂懼，無論選擇主動擁抱還是被動觀望，變革浪潮都已無差別地席捲至眼前，準備將歷史翻頁。聰明的人類殫精竭慮數十年接力這場模仿遊戲，我們躬逢其盛，見證電腦頓悟的時刻，同時何其有幸站在科學家肩膀上，看到一個豐富認知、重塑自我的大好良機。

—— 詹慶齡（資深主播、《名人書房》主持人）

　　無庸置疑，一場把人類進化，推向另個全新境界的「新AI革命」，已然開始，AI 對人類進化的巨大衝擊，也必將到來。

　　本書作者以深入淺出的方式，清楚闡述了「新 A I 革命」的緣由，更為在此變革中的新人類，如何改變觀念並做好準備，提供了多元的思考方向與精闢的見解。無論你從事的是藝術，教育，科技，醫療，公共行政，商業或者只是單純的對「新 A I 革命」感到好奇，這都是一本必讀的好書。

—— 劉致顯（誠鼎國際企業有限公司董事長）

　　人類的科技文明，歷經農業、工業，及數位革命，迄今進入人工智能革命。科學探究也從經驗、基於模型的理論、計算模擬，到迄今之大數據所驅動的科學新範式。而原本模仿人腦運作之類神經網路與人工智能，如今反過來成為了解人腦、影響人腦，甚至開發人腦功能的進路。本書詳細地指引我們如何即時與人工智能經由共生向內探索人類的身體與心靈，及透過共創向外開展新文明之時，同時彰顯社會關懷與人文價值。

—— 謝仁俊（陽明交通大學生物科技學系講座教授）

　　本書是作者蘇經天博士多年來觀察，兼具理論剖析與實務運作累積的結晶，是目前 AI 相關專業書籍中極為難得的一本著作，也對產官學研各界於目前生成式 AI 的迷思與問題，提供相當完整的論述及思考的方向。在本書的論述中，不難發現蘇博士始終如一的處事原則和兢兢業業的專業工作態度，最難能可貴的，是他總是希望帶給整個社會有價值和正向能量的情懷。

　　在我認識的專家中，蘇博士經歷非常完整，他不但是位優秀的研究學者，也是位頂尖的企業策略運籌者，同時為人謙沖善良，處世誠懇認真。這本書經過他細心的觀察和省思，透過生動的文筆，將獨到的見解與大家分享。謹在此真誠推薦並祝福蘇博士，在這個未來五年將達上千億市場價值的 AI 應用領域中，更加順利成功；同時代表著台灣在 AI 領域中無論是有關技術、法規、專利及商業化都將在國際上發熱發光。現在就讓我們一起踏上這奇幻的旅程。

── 蔡熙文（國家衛生研究院技轉及育成中心主任）

　　以及其它推薦者：

呂銘峰（台北市生物產業協會總幹事）

林育祺（西園醫療社團法人西園醫院執行董事）

紀　政（希望基金會董事長）

鄭俊德（閱讀人社群主編）

謝孟諺 Mr.GoGo（《ChatGPT 一本搞定》作者、YouTube 頻道「無遠弗屆教學教室」）

顏宏偉（國科會駐捷克科技組組長）

顧靜玉（美邁斯 O'Melveny & Myers 律師事務所合夥人）

目次

第二部　新 AI 啟動了人類新的認知革命

第三部　全面升級你的人生

前言

站上全人類的肩膀，
你期待怎樣的風景？

2023 年 3 月，ChatGPT 的最新版本 GPT-4 盛大發表，其神奇的功能不但轟然引爆全世界的熱議，吸引了海浪般擁入的新使用者，也一舉領先所有相關競爭產品，立下劃時代的里程碑。ChatGPT 取代 AlphaGo，成為新的 AI 代名詞。

如果說 AlphaGo 當年帶來的震撼是：世人第一次目睹 AI 可以在代表人類智慧終極標誌之一的圍棋上擊敗人類！那麼 ChatGPT 今天帶來的震撼是：世人第一次目睹 AI 好像真正可以像人類一般思考、說話了！

許多其他開發 AI 的公司，都參考 ChatGPT 的成功，而調整

他們的產品推出策略，競相推出類似的產品。

甚至有以馬斯克為代表的許多人，主張 AI 的功能開發可能進入無法控制的狀況，對人類造成之前只有在科幻小說裡描述的新威脅，因此需要大家同時停止開發六個月來先討論。

難道 AI 真的已經可以像人類一般思考、說話了嗎？

＊　　　＊　　　＊

ChatGPT 這種「生成式」人工智慧，為什麼**感覺起來如此地熟悉**？

生成式人工智慧雖然有許多弱點，然而在使用上，卻讓人感覺到無比熟悉。當有些人戲稱生成式 AI 總在一副正經八百地胡說八道的時候，你不覺得這就是在描述你的一個朋友、家人，或甚至你自己嗎？其實人們的大腦就是一個巧奪天工的生成式機器，我們大腦的記憶能力並不完美，甚至常常自動腦補、杜撰出並不存在或沒有發生過的事情和細節，這就是有名的曼德拉效應。生成式 AI 回答任何問題的過程是如此快速，也如此不費吹灰之力，就好像人類開啟了《快思慢想》（*Thinking, Fast and Slow*）的作者 Daniel Kahneman 所稱的「系統一」這樣，不須經過大腦（系統二）的快速直覺反應。沒想到，我們就這樣與我們失落多年的

孿生兄弟相認了！

　　我們的這個孿生兄弟，跟我們的相似之處，並不止於杜撰內容。由於它的學習過程中極為大量地使用了人類的語言文字，而經由語言文字所承載的人類過度自信、偏見、感知、情緒、認知等等部分，也都理所當然地成了我們這個孿生兄弟的一部分。所以與它對話的時候，必然能夠感覺出超過冰冷的機器之外的熟悉感。然而，與真正的孿生兄弟不同的是，人們可以充分利用它的這個特點，來幫助人類覺察並理解我們「不知道自己已經知道」的各種潛認知，以及「不知道自己不知道」的那些暗認知。我們將在本書的第二部，進一步闡述可以如何經由人機協作，全面地拓展我們的認知。

該販賣恐懼，還是訴諸損失趨避

　　當這次新 AI 大爆發的時期，我觀察到，無論是在社群媒體平台或在新聞中，都有各種看熱鬧的人群聚集。當然，最多的總是那種教你如何使用不同的人工智慧的教學影片，那些喜歡嘗鮮或蹭流量的 YouTuber 或 Vlogger 都卯足全勁，在第一時間將各種眼花撩亂的、半生不熟的訊息帶給大家。但是許多這些所謂的第一

手資訊，其實很可能只是來自於一些想在風口上博取更多注意力的廣告宣傳片，大部分的功能並不齊全，常常要能達到所宣稱的程度還需要有各種軟體硬體以及知識的配合，否則我們還是只能淪為看熱鬧的群眾。

在撰寫本書期間，我也想過要嘗試各種不同的切入點。我應該像他人一樣為了能夠博取更多的注意力，考慮使用那些**販賣恐懼**的切入點？因為那是投資報酬率最高的選擇。然而，雖然撩起人們恐懼的感覺並不難，但要如何因應與解決卻不容易。所以這更像是一個用更複雜的問題取代原來相對簡單的問題的方法，否則就像一個醫生告訴患者得了不治之症，卻沒能提出治療對策，這樣並不一定是最好的選擇。複雜的問題無法用簡單的方法解決，因為複雜的問題常常不是只存在於一條因果關係清晰的因果鏈上，而是常常有多個因素交雜在一起而形成的完美風暴。

那麼，如果不要直接切入恐懼的感覺，而是著重在各種不同的缺點呢？由於人類心理上對於負面事情的感受，遠比對正面事情的感受要強烈許多，所以人類早已發展出**損失趨避**的強烈傾向，因此，從負面的事情和心態著手，也應該是一個快速吸引注意力的大好切入點。

我評估了幾個像這樣的切入點，例如人工智慧的大數據訓練

資料中，非常有可能用到許多有版權或智慧財產權的素材，那這些開發人工智慧的公司是否會有法律的糾紛呢？而我們這些人工智慧的使用者，是否也應充分釐清智慧財產權的問題呢？又例如，許多有識之士共同簽署了希望人工智慧的研發能暫緩六個月（雖然我也不知道這六個月是怎麼算出來的）的陳情聲明，然而當記者去詢問這些有簽名的意見領袖的時候，他們之中的大部分雖然承認有簽名，但也認為這些公司並不會因此而暫緩人工智慧相關研發的進度。

　　當然，這些有識之士是希望激起大眾對這個議題的關注，也希望各國政府 —— 尤其是那些人工智慧發展得比較成熟的公司所在的政府 —— 能盡快開始制定各種約束人工智慧發展的法規與法條。上面這些智慧財產權以及主管機關監管的議題，在人工智慧未來發展的道路上，都是極為重要的；然而，這些議題都有許多正反不同的意見，我不希望讀者流於關注意見上的爭辯，而錯過自我成長的機會。所以，我雖然知道，這些重要議題對於吸引注意力或話題流量有很大的幫助，但在這本書中，我並不會把它們當成是主要的切入點。

有識之士的痛苦與掙扎

人類歷史上，有多次面臨新科技出現而引發有識之士們各種正反意見的論戰，然而沒有任何一次的論戰，比這次人工智慧所引發的還要更影響深遠。我們甚至可以說，這次的論戰可能關乎於人類的生死存亡，也可能關乎於未來百年的爆發性成長。而到底是走向生死存亡或爆發性成長的十字路口，就是人類當今所面臨的困境。

根據以往人類的經驗與教訓，人類的痛苦和煩惱，總是來自於某種不相互匹配的因素，例如佛家的人會告訴人們人生的苦就是不滿足，不滿足就是你想要的，跟你實際上能得到的之間，出現了認知上不匹配的情況。

又譬如現代人常常因為各種生活習慣而引發了肥胖或一系列的慢性疾病，這是我們的演化身體與現在物質環境之間的供需不匹配，也就是說我們的身體配備是處在饑荒隨時可能會發生的過去，而如今我們的環境卻提供了富足的能量 —— 這是一個外部能量供應與個體內部能量處理系統的不匹配。簡單想像一下：如果你只有一台黑白電視，但你想看的是 8K 電影，那麼你必然有許多的痛苦與掙扎。

　　從現今的新 AI 到未來的超級人工智慧（ASI）的發展過渡期間可能引發的論戰中，最值得注意的，是關於我們所擁有的古代的腦、古代的感官、古代的認知等等，要如何因應像神一般的科技呢？這樣的論戰與擔憂，在過往也出現過許多次 —— 例如基因編輯的技術，讓人們十分擔憂人們開始扮演起了上帝的角色。

　　又例如當物理學家想要找出能夠解釋世間萬物的數學公式與理論（Theory of Everything），而提出許多解釋的模型（例如超弦理論、M 理論等等），就有人認為這是未來的數學理論穿越到了現代，因為我們看到了數學公式，卻完全無法理解它所代表的意義。

　　我這本書想要呈現給讀者的視角則是：當新 AI 出現的當下，無論它發展得多麼迅速與深遠，我們會暫時跳開它發展的方向是善良還是邪惡的論戰；這種破天荒的新科技橫空出世時，人類個體在思維與認知的層面，在受到外部環境的重大衝擊下，都會出現許多變化，而我希望經由與讀者的分享，讓大家察覺到各種可能的身心變化，了解到這些變化的可能方向與程度，接受並利用這些變化，並讓它們成為我們成長的重要動力！

你一定會面臨的覺察與調適

在新 AI 出來之前，由於每一個個體不論在能力上以及資源上都很難與群體甚至專家等級的個體相抗衡，所以我們常常陷入一種活在別人所設定的框架與標準中，或是為別人而活的困境裡。尤有甚者，在過往比較因果相關、沒那麼複雜，專家和智者已經為我們樹立清楚道路的年代，某些更能切合時代標準的個體，例如記憶力超群的人或是某些非常會考試的人，都能夠輕易地得到時代的紅利，獲得他人青睞，於是就在眾星拱月的狀況下，成為時代的受益者。不過，大部分的人並不是這樣幸運的，例如某些記憶力不好的人從小會被他人認為不夠聰明，痛苦的記憶與背誦之後，也磨損了大部分的學習動力，就在一次又一次的放棄聲中，成為痛苦的時代受害者。

然而，當新 AI 出現的當下，一個千載難逢、豬羊變色的巨大轉變可能即將發生：新 AI 將會成為個體延伸的腦，擅長並協助那些曾經占用我們記憶與背誦的腦力資源。當這些重大轉變發生的當下，可以如何依賴人工智慧，來協助我們對這些重大轉變的覺察與調適，將會比任何看熱鬧的作為，對我們更為重要！

面對複雜世界的因應策略

人類演化至今，為了能夠提高在演化上的競爭優勢，發展出了許多超越個體的優秀成果，其中最重要的一個認知，有人把它叫作美好世界認知，也就是我們作為一個個體，只要我們心存善念並努力貢獻自己，一分耕耘一分收穫、善有善報、因果循環等等的美好想法和願望，也都根植在我們心中。

對於人生軌跡的穩定錯覺和期望，其實是擁有原始腦的個體面對複雜的外部世界所形成的一種美好但天真的想像，所以，人類作為一個種族，在過往確實也發展出了許多與群體相關的多人組織，並且希望藉由一些制度和框架的設立，讓個體可以在群體中得到歸屬與穩定感；而這些制度和設計，常常有許多人類「想像的共同體」摻雜其中，因而個體的很多權利也在交換歸屬感的過程中，有意無意地讓渡給了代理人，這些代理人可能包含了公司的 CEO、專家等等。

這些想像共同體的存在，讓原本有權力的個體與後來取得權力的這些代理人之間的權責，在面對複雜世界的時候，出現了極大的失衡。我認為在這個超級人工智慧即將到來的現在，能否利用人工智慧的協助，來拓展人們的認知邊界，是很重要的課題。

於是，本書將包含三個重點：

- 首先，新 AI 是怎麼出現的？ AI 本身發生了什麼樣的革命？它是如何學習人類的大腦而引發這場革命？

- 第二，人類可以如何回過頭來向新 AI 學習，進而促進自己的認知革命，以及大腦和身心的進化？

- 第三，每一個人從今天開始，可以如何改變自己的觀念和習慣，立即使用新 AI 踏上新的旅程？創造人生的新風景，並且做好迎接未來超級 AI 到來的準備？

讓我們一起展開這一場「新 AI 與新人類共創的奇幻旅程」吧！

第一部

AI
發生了
什麼革命

如果你想知道這些關鍵問題：

◆ 什麼是「新 AI」？（參見 P034、053）什麼是「超級 AI」？（參見 P053）

◆ 超級 AI 已經出現了嗎？ ChatGPT 算不算？（參見 P035 ～ 040）

◆ 為什麼有識之士似乎對新 AI 的降臨多抱持負面的看法？（參見 P024）

◆ LLM 為什麼比專家更專業？卻比一般人更沒有常識？（參見 P047）

◆ 新 AI 是怎麼達到「頓悟」的？（參見 P082）

◆ AI 超越人腦，要跨過哪些門檻？（參見 P094）

◆ 新 AI 時代來臨，人們如何趨吉避凶，發現機遇與風險？（參見 P057）

◆ 新 AI 在人類標準考試接連取得高分，即將搶走專業人士們的飯碗？（參見 P061）

◆ 是否該擔憂，人類語言系統會被人工智慧破解？（參見 P090）

◆ 新 AI 如何讓民主崩壞、獨裁做大？（參見 P100）

◆ 為什麼（許多有識之士訴求的）政府監管不是因應新 AI 降臨的良方？（參見 P103）

1 為什麼出現了
AI 新革命

2016 年，人工智慧（AI）極大程度地進入了人們的視野，因為 AlphaGo 擊敗了圍棋世界冠軍李世乭，轟動一時，吸引了全球關注。之後，次年隨著 AlphaGo 宣布任務結束而退役，暫時脫離一般大眾的注意範圍。六年後，大致從 2022 年下半年開始，AI 話題又開始新的加溫。在圖像運用上，有 Midjourney、Stable Diffusion、DALL-E 等等，在文字運用上有 ChatGPT，都愈來愈受歡迎，使用者爆增，重新提升世人對 AI 關注的熱度。

接下來，還不到半年，進入 2023 年 3 月，ChatGPT 的最新版本 GPT-4 盛大發表，帶來震撼：世人第一次目睹 AI 好像真正可以像人類一般思考、說話了！

很多人都說，新 AI 革命開始了！**但這到底是怎麼發生的？**

讓我們先從 Alpha Go 說起。

AlphaGo，專家型 AI 系統的里程碑

　　人類對於 AI 的開發，是從上個世紀 1950 年代就開始了。AI 雖然後來一路演化出許多理論和技術，大致不出兩個方向。

　　一個方向是讓 AI 可以不分任何領域，針對任何課題都能自我學習、成長，具有像人類一樣的智慧。以專用術語來說，就是能開發出「通用型 AI」（General Purpose AI，GPAI，Strong AI）。然而，這個挑戰十分艱鉅 —— 要把電腦訓練出等同人類的智慧，簡直是上帝才能完成的任務，因此一直是 AI 開發者遙遠的聖杯。

　　還有一個方向就是從開發「專用型 AI」（Special-purpose AI，Narrow AI，Weak AI）開始。專用型 AI，顧名思義，就是訓練電腦只針對一個特定目的來發展它的人工智慧。

　　這樣，相對地挑戰就小很多，也是到目前絕大多數開發者選擇的方向；並且希望由開發「專用型 AI」的經驗和成果，能找出嫁接到開發出「通用型 AI」的橋樑。經過數十年發展，今天的專用型 AI 已經可以在它受訓練的特定領域裡非常深入，甚至比人類

還厲害；只是一旦離開那個特定領域，就「什麼都不會」。

　　AlphaGo 正是「專用型 AI」的一個代表。AlphaGo 是由 DeepMind 團隊開發的人工智慧程式。在 AlphaGo 出現之前，圍棋曾被認為是人類智慧的終極標誌，其複雜程度遠超過西洋棋。所以 AlphaGo 的開發目的，就是專門為了下圍棋，僅僅為了在這件事情上具備可以比擬，甚至超越人類智慧而開發的。

　　因為 AlphaGo 的目的是下圍棋，所以訓練它學習的素材，也就是輸入電腦的數據，都是圍棋棋譜。開發 AI 的初期階段，是在使用演算法的基礎上發展「機器學習」，而 AlphaGo 的成功之處主要有二。

　　第一，是開發出蒙地卡羅樹搜索（MCTS）這種高效的樹搜索算法，經由模擬大量的棋局，評估每一步棋的價值與權重（Weight）。

　　第二，是把機器學習推展出「深度學習」和「強化學習」技術的創新應用。「強化學習」是一種機器經由與環境互動，學習如何做出最佳決策的學習方法。「深度學習」則是模擬人類神經網路的方式，經由大量數據的訓練，使電腦能夠進一步自主學習，並提高模型的預測能力。

　　AlphaGo 結合兩種技術，先是在 2016 年與人類頂尖棋手的對弈中獲得驚人成績；在 2017 年推出的新一代版本 AlphaGo Zero，最大特點是完全依靠自我對弈學習圍棋策略，不再需要人類棋手的棋譜數據。在短短 40 天訓練中，AlphaGo Zero 就取得了足以擊敗原版 AlphaGo 的能力，顯示出強化學習的強大潛力。

　　AlphaGo 站上了專用型 AI 的巔峰，證明了在下圍棋這件事情上，AI 不但可以深度學習，可以自我學習，還可以超越人類頂尖棋手。但它也只會下圍棋這件事情，所以當它證明了可以做到這一切之後，也就宣布退役了。

ChatGPT 也是一種專用型 AI 系統

　　AlphaGo 雖然退役，但它的成功不僅改變了人們對人工智慧的認識，激發許多國家對人工智慧的投資和政策支持，也為其他領域提供了革新的思路，推動了全球人工智慧產業的快速發展，例如，AlphaGo 立足於神經網路的深度學習、自主學習技術，被應用於許多科學、金融、醫療等領域的專用型 AI 開發。

　　像 AlphaFold，經由輸入海量氨基酸序列、蛋白質結構，成為蛋白質摺疊預測領域的佼佼者，它在過去蛋白質立體結構預測的領域，每每以極大的差距遙遙領先競爭者，並在 2021 年公告超過 33 萬個結構預測，涵蓋了 21 種生物模型，其中更包含了完整的人類蛋白質圖譜的兩萬個蛋白質 —— 這是人類蛋白質結構的重要里程碑，也是人工智慧針對人類生物醫藥研發的重要貢獻。這個專用型 AI 的目的，就是能夠經由輸入一維的氨基酸序列來預測蛋白質 3D 摺疊的立體結構。

　　在我們的直覺想像中，一個複雜多維的東西，經由降維或簡化成簡單的形式，是比較容易理解的；而反過來由簡單的形式倒推還原到原本豐富而複雜多維的形態則極為困難。經過深度學習

神經網路的訓練，AlphaFold 充分展現了人工智慧能夠將簡單的氨基酸序列還原成複雜的蛋白質立體結構的能力，也為我們在拓展「認知」的道路上披荊斬棘，一路推進。所以，沿著這個思路，本書也將在第二部詳細討論我們可以如何藉由人工智慧的協助，積極拓展認知。

至於從 2022 年起引爆話題的 Midjourney，則是圖像領域的專用型 AI，經由輸入海量的各種照片、繪圖、漫畫等等，這個 AI 就能展現人類所曾經創作過的圖像風格，並且青出於藍而勝於藍。以這個 AI 創作的《太空歌劇院》（*Théâtre D'opéra Spatial*）在一項美術競賽中勝過所有參賽人類而拿到首獎，其轟動（或爭議）程度，比起六年前 AlphaGo 擊敗人類頂尖棋手，真可謂不遑多讓。

那 ChatGPT 又是什麼？

ChatGPT 也是一種專用型 AI，由一家名叫 OpenAI 的公司所開發。顧名思義，Chat 是聊天，所以這個 AI 的目的，就是夠像人類一樣地聊天。

訓練這個 AI 的時候，輸入的數據不是圍棋棋譜、蛋白質圖譜、DNA 圖譜，也不是各種圖像，而是各種文字（text）。不但有各

種語言的文字，還有包括程式語言的文字。而它的目的，就是要能用人類的自然語言聊天，不但能跟使用任何語言的人聊，任何領域的知識、話題，也都能聊。

ChatGPT 可以使用人類的自然語言聊天，看來無所不能地聊，難道已經進化成通用型 AI 了嗎？

不是。

雖然它表面上看起來無所不知，什麼領域的知識看起來都明白，各種語言它都懂，能回答各種問題，但是 —— 它所懂的、知道的，以及回答的，並不是經過真正思考、學習而來的。ChatGPT 只是經由輸入無數的文字數據，再應用深度學習、自主學習，加上開發者特有的一些技術設定與調整，訓練出一個看起來無所不知，無所不聊的 AI。ChatGPT 仍然是專用型 AI，專門用來聊天的 AI。比起 AlphaGo 只能在圍棋上和人類「對答」，ChatGPT 的聊天範圍不只下圍棋、蛋白質、甚至寫程式，所以 AI 看起來通用了許多。但它還不是通用型 AI。

如果真是通用型 AI 和我們對話，它說的每句話，都將是經過思考而來的。但是 ChatGPT 這種專用型 AI，它雖然可以和我們對話任何話題，卻沒有經過思考，而是它從自己受過訓練的數據庫中，找到和我們的提問方向最符合的文字，接龍組合起來，生

成句子，當作回應的答案。最好的比喻，就是 ChatGPT 就像是一隻鸚鵡，但這隻鸚鵡學過各種語言、各種領域裡無數的句子，你問它任何問題，它都能從學過的句子裡進行接龍，組合出答案回應。

這就是它為什麼和 AlphaGo 不同，引起這麼大騷動的原因。AlphaGo 會的是圍棋，只有下圍棋的人才領略得到它的厲害。而 ChatGPT 會聊天，用人類的自然語言聊天，用任何語言聊，聊什麼都可以，洋洋灑灑地回答得看來有模有樣，所以今天全世界的人都感到震撼。

這樣看，我們就知道 ChatGPT 的突出之處，也知道其侷限。那就是因為本質上它不是經過真正的思考而回答問題，只是把學過的句子進行接龍組合，生出句子來回答。它只是一隻經過訓練，上天入地無所不能地和你聊天的鸚鵡。雖然它非常會聊，然而當它組合錯誤，出現一些荒腔走調的對答時，就洩底了。

ChatGPT 只是一隻會把句子接龍來對答的鸚鵡這件事，從它做翻譯工作時候不時出現的情況可以得到證明。給 ChatGPT 一段文字做翻譯的時候，固然許多時候都很正確，但是給它長篇文字翻譯的時候，卻可能出現很離譜的情況，進行到某一個段落之後，它不是在翻譯而是在自我創作，開始回答出原文根本沒有的內容，

但是乍看起來卻前後呼應。

這就是它接龍接錯了的時候。

然而儘管如此，我們還是不能不驚奇於 ChatGPT 到底怎麼做到這些？它是怎麼學到這麼多句子？怎麼懂得把這些句子接龍組合？並且用人類的自然語言對話？它是有什麼樣的**「頓悟」**才能做到這些事？雖然說是接龍，更何況也有接錯的時候；但為什麼有些時候卻又回答得讓人拍案叫絕，好像已經閃動人類智慧的光芒？

我們還是從 ChatGPT 使用的自然語言說起。

自然語言處理的技術發展

　　ChatGPT 為了能夠和人類直接對話，使用了「**自然語言處理**」（**Natural Language Processing, NLP**）技術。初期自然語言 AI 的一個有趣的例子是 Eliza。這是 1964 年由麻省理工學院（MIT）的研究人員所開發的自然語言處理程式。它是一個基於規則配對的對話系統，經由對用戶輸入的文字進行模式配對和轉換，模擬心理治療師與患者之間的對話。儘管 Eliza 的對話能力相對有限，但它為後續 NLP 的發展提供了不少啟發。

　　自然語言技術能發展到今天 ChatGPT 所展現的程度，和下列許多發展有關。

- **語言模型的崛起（N-gram 和 HMM）：**

  隨著計算能力的提高和語料庫的擴大，研究者們開始使用**統計方法**來建立語言模型。**N-gram 模型**是一種基於連續詞序列出現機率的語言模型，被廣泛應用於自動分詞、詞性標註等任務。此外，**隱馬爾可夫模型（HMM）**則是一種基於狀態轉移機率的序列模型，被用於自然語言生成和語

音辨識等領域。

這些語言模型的開發，是為了讓使用者跟電腦之間能夠順暢地溝通。想想看，在搜尋引擎盛行的年代，人們常常用的是關鍵字／詞（Key Word）當作媒介與機器互動，但是關鍵字溝通並不是人類正常的溝通形式，所以科學家們引入了在語句中「詞彙出現的機率」有關的各種模型，來彌補關鍵字的缺憾，並且希望以此提升跟機器溝通的效率。

- **機器學習方法的引入：**

  在 20 世紀 90 年代，機器學習方法進入了 NLP 領域。想想看，上面引入機率的概念雖然不錯，但人們溝通的時候有許多個人化的傾向，並不足以用大規模的訓練數據代表，所以在這個時期的改進，就是跳脫原本的統計缺陷，而引入一些**決策模型**。

  決策樹、支持向量機和最大熵模型等機器學習算法，被用來解決自然語言處理的各種問題，如文本分類、命名實體識別等。這些方法在一定程度上提高了 NLP 系統的性能，但仍存在一定的侷限性。

- **立足於循環神經網路（RNN）和長短期記憶（LSTM）的深度學習革命：**

  21 世紀初，深度學習技術開始進入 NLP 領域。RNN 是一

種具有記憶功能的神經網路，可以捕捉序列數據中的**時間依賴關係**。然而，RNN 在處理長序列時容易出現梯度消失問題。為解決此問題，科學家於 1997 年提出了 LSTM 模型，有效地解決了梯度消失問題，並在語言建模、機器翻譯等領域取得了重大突破。

簡單的理解：當人們溝通的時候，某些字詞的出現跟想表達的意思之間的關係，並不只存在於出現的頻率，更可能出現於出現時的**距離**，而這樣確實也可以改進語言模型的效能。

- **大型語言模型（Large Language Model, LLM）的出現：**
  LLM 是自然語言處理 NLP 領域的重要階段性演進成果。NLP 一直以來都在努力使機器理解並生成人類語言。如上所述，早期的 NLP 系統主要依賴規則或統計方法，這些方法雖然對特定任務有效，但在泛化能力、理解語言的深度和靈活性上受到限制。後來隨著深度學習的發展，我們得以訓練神經網絡來學習語言的複雜模式。這種模型通過學習大量的文本資料，來理解語言的結構和語意，試圖預測給定一段文字中的下一個詞。

  相比於傳統的 NLP 方法，LLM 可以生成更自然、更有說服力的文本，並在多種 NLP 任務中取得突出的成績。LLM

是在 NLP 演進過程中的一個重要里程碑，它由規則或統計方法逐漸演進到深度學習與大數據的應用，最終達到對語言有深度理解的能力。而 LLM 出現之後，它不只是在使用自然語言的 AI 發展立下里程碑，相較於其他專用型 AI，也有了顯著的優勢。

大型語言模型的優勢

　　一般來說，專用型 AI 通常針對特定任務或領域進行優化，而 LLM 則以廣泛的語言知識和生成能力為特點。畢竟人類世界中無論哪個領域，一直以來都是以語言為載體進行傳播與交流。儘管其他專用型 AI 在不同專業方面具有一定的優勢，但在技術層面上，LLM 因為其特性，在以下幾個方面相對具有更強的適應性。

- **普適性**：透過無監督學習大量文本資料，LLM 有能力捕捉多元領域及語境下的語言知識和規律。因此，面臨未見過的任務或資料時，LLM 能更優異地適應與因應。

- **遷移學習（觸類旁通）之高效力**：遷移學習是一種將在某特定任務上獲取的知識，應用於另一相關任務的過程。LLM 具備極高的遷移學習能力，使其得以迅速在各類 NLP 任務之間，進行靈活轉換和適應；這一點在微調（Fine-tuning）過程中尤其顯著。經過預訓練的 LLM，僅需透過少量有監督數據即能快速適應新的任務，進而在各種 NLP 任務表現出卓越的性能。

- **模型架構的創新**：LLM 通常採用較為前瞻的模型架構，有效地捕捉到文本中的語意資訊與結構特性。此外，自注意力機制讓 LLM 能在不同的位置間，建立直接的依存關係，進而更深入地理解長距離的語意依存。

- **數據驅動策略的運用**：LLM 以數據驅動策略為主軸，透過對大量文字資料進行無監督式學習，能夠自動掌握語言知識及語言法則。LLM 能夠自動從巨量的文字資訊中，學習語言架構、語義和背景知識，使其適應各種語言領域和風格，展現出高度的泛化能力。

- **擴展能力**：LLM 模型的擴展性顯著。隨著模型規模的擴增和訓練資料的擴展，LLM 的效能通常能見到明顯提升。此外，LLM 能輕易應對多語系及跨領域的需求，為各式的 NLP 任務提供統一的解決方案。從文字生成、語言翻譯到知識問答，甚至在創意寫作和遊戲設計等領域，LLM 都有顯著的表現。

可能會讓你十分驚訝的是，每個人在某種程度上都無意識地貢獻了 LLM 的創建與發展。因為這些大型語言模型的網絡的編織，包含了每個人的**數位足跡** —— 當你在網路上進行活動，如撰寫部落格文章，留言，或在社群媒體分享內容時，就留下了數位

足跡。這些公開資料形成了巨大的數據庫，可能會（在你完全不知情的狀況下）被用於各種目的。LLM 的訓練是一個資料密集型過程，透過分析大量文字資料，讓模型學習語言的結構和模式。

- **部落格、網路文章、多媒體作品：**當你撰寫一篇網誌文章或是設計了一幅畫並公開分享時，就有可能被收集並用於訓練 LLM，進而學習如何以更自然的方式生成文字。

- **社群媒體：**當你在 Twitter 或 Facebook 上發布內容時，這些文字可能會被用於訓練 LLM，經由分析，使模型能夠理解當代的流行語言和網路用語。

- **網路論壇、電腦程式：**參與網路論壇、留言板也是一種貢獻。LLM 可以從這些討論中學習不同主題和領域的知識，並了解各種觀點和辯論方式。

　　於是，你的每一次分享，每一篇文章，以及每一條留言，都是 LLM 學習和進步的磚石。至於使用 LLM 開發 AI 的公司不只 Open AI 一家，但為什麼 Open A 開發的 ChatGPT 卻能勝出？因為他們擁有他人夢寐以求的祕密武器。

讓 ChatGPT 脫穎而出的祕密武器

在開發人工智慧的領域裡，使用深度學習的公司很多；而使用大型語言模型（LLM）來開發 AI 的公司也不只 OpenAI 一家。ChatGPT 的脫穎而出，還因為運用了另外兩種特別的學習機制和架構，而得以實現更高效的平行訓練：一個是基於自注意力的 **Transformer 架構**；另一個則是被稱為 **Masked Self-Attention** 的技術。

自注意力機制的一個重要特性，是它允許模型在一次操作中處理所有的輸入元素，這與前面提到的循環神經網絡（RNN）和長短期記憶（LSTM）的序列化處理方式形成對比。在 RNN 或 LSTM 中，模型必須逐步處理序列中的每個元素，並依賴於前一步的狀態生成下一步的狀態。這使得 RNN 和 LSTM 難以有效地利用現代 GPU（圖形處理器）的平行處理能力，並且在處理長序列時，會出現梯度消失 —— 也就是導致遠距離的資訊在傳遞過程中權重被稀釋或被遺忘 —— 的問題。

相反，Transformer 架構下的 GPT，可以同時處理所有的輸入元素，不需要依賴前一步的狀態來生成下一步的狀態，而得以

充分利用現代 GPU 的計算能力，從而大幅度提升訓練速度和運算效率。而 Masked Self-Attention 機制則確保了模型在生成每個新元素時，只能使用到該元素之前的信息，這符合真實世界中的生成序列的情況，同時也保證了模型在訓練過程中的正確性。

除此之外，GPT 的優勢有：

- **數據集規模：**GPT 模型的運作，依賴於龐大且多元化的數據集，這是它超越其他模型的關鍵要素之一。GPT 系列模型所取得的訓練數據，源於各式網路來源，如維基百科、各類書籍、網路頁面等，包含了各領域的豐富知識。同時，OpenAI 對於資料進行嚴謹的清理與篩選，確保模型在訓練過程中能夠吸收高品質的知識，所以可以提升生成內容的精確度與信賴度。

- **跨語言能力：**GPT 模型在多語言處理方面具有很強的能力，能夠理解和生成不同語言的文本，滿足全球範圍用戶的需求。相比其他模型，GPT 在跨語言任務上表現更為出色，如翻譯、跨語言摘要等。

- **靈活的微調：**GPT 於微調策略上的卓越表現，正是超越其他語言模型的核心因素。在預訓練的基礎上，進行具有針

對性的精細校準，讓 GPT 能迅速適應各式 NLP 任務，例
如文本分類、情感分析等。

● **知名投資者的支持**：OpenAI 得到眾多知名投資者的支持，
如前期的 Elon Musk 及後期大舉投注的 Bill Gates，這些
投資者的背景和聲譽，為 GPT 帶來背書與額外的品牌價
值。此外，這些投資者的資源和網絡，也為 GPT 的市場
行銷與形象推廣提供有力的支持。

● **迅速聚集大量用戶**：GPT 模型在短時間內吸引大量用戶，
迅速擴大了市場規模。這得益於其出色的自然語言生成能
力，使得 GPT 在各種場景下的應用更為廣泛，在極短時
間內達到一億用戶的門檻。

綜上所述，OpenAI 的 GPT 系列模型在數據集、模型構建、
用戶互動以及其他關鍵優勢方面均表現出色，超越了 Google、
Meta 等公司的大型模型。這些優勢，使 GPT 其他的生成式人工
智慧模型，同時包含文字、圖像、音樂、影像的處理，在許多應
用場景中展現出驚人的性能。**不過，這場新 AI 戰爭才剛剛開始，
勝負仍然在未定之天。**

新 AI 的三個第一和多個貶值

2023 年 3 月，GPT-4 出現，比之前的版本更厲害，因而被許多人稱之為「新 AI 革命」的原因是：這一類的生成式人工智慧，很容易被誤認為是通用型 AI。於是許多人就把對通用型 AI 的各種期許，以及各種恐懼，都一股腦地加諸在新的 AI 上，這種愛恨交織的情緒，深深地撬動了人們的敏感神經。

也因為 GPT-4 登場之後，有諸如 Google 的 Bard，微軟的 Bing 等許多類似的產品出現，所以本書接下來把這一類看來似乎是通用型 AI 但實際上仍然是專用型 AI 的產品都通稱為**「新 AI」**，在針對各產品時，再單獨指出其名稱。至於真正的通用型 AI，則稱之為「超級 AI」來區分和新 AI 的差別。

人類過往雖然經歷過許多革命性的技術或產品，卻沒有任何一個技術或產品能夠像這一次的人工智慧這麼特別。綜合起來，新 AI 有三個第一。

● **演進速度第一快：**

在人類過往革命性的技術和產品出現之前，都經歷了漫

長的演化過程，尤其是那些有物質基礎的革命，例如工業革命、收音機與電視機、飛機、印刷術甚至原子彈等等的發明。這些發明都給人類的生活與歷史帶來了革命性的改變，但囿於物質基礎的演化速度無法提升得太快，所以人類雖然受到了衝擊，當下也認為是人類所面臨過的最大挑戰，但因為經歷的時間比較長，所以人類有了喘息與適應的時間。

● **進化程度第一快：**

雖然類似像 AlphaGo 這樣的專用型人工智慧已經出現多年，通用型的人工智慧仍有許多要走的路，尤其在過往的經驗中，專用型的人工智慧可以輕易超越人類頂尖的個體在該專業中的表現，但幾乎所有的通用型人工智慧連最基本的人類常識都很難理解，更不要說超越了。然而，就在這樣的既定印象下，生成式人工智慧由於大語言模型 LLM 的加持，橫掃千軍，甚至被認為一腳踏進了通用人工智慧 AGI 的領域。

● **涵蓋的範圍最廣：**

在過往，專用型的人工智慧基本上就是涵蓋開發時所限定的專業領域，然而新 AI 因為能夠掌握人類語言的各種底層邏輯，所以也就順著語言的脈絡，推廣、涵蓋到了許多相

關的領域。更有甚者，由於訓練的數據資料極為龐大，也讓新 AI 獲得了超乎想像的「頓悟」能力，而不再只是過往以線性累積的方式得到的「漸悟」能力。簡單地說，新 AI 比迄今為止的專用型的人工智慧用途更廣，比實際上還在發展中的通用型人工智慧更專門。

新 AI 將帶來全方位貶值

我們最常聽過的貶值，就是通貨膨脹。造成通貨膨脹的原因很多，但最直覺的理由，就是市場上流通的貨幣量**太多**。過往的許多革命性新技術，也可能造成一些事情的貶值。而新 AI 將在全方位的面向上，讓我們體認到貶值的情況：

由於新 AI 將會使個體的知識水準輕易地達到人類的平均，所以我們將看到**知識貶值**。新 AI 將徹底顛覆人類的學習，過往那些遙不可及的學歷與學位，將變得十分不值錢，這是**學歷貶值**。新 AI 將使工作的種類與數量都達到前所未見的程度，也會造成**工作貶值** —— 尤其是過往的白領階級工作，或曾被推崇的腦力工作者的工作，都將遭受比其他工作更大的衝擊。而人類在過去很長一段時間裡，都將腦力花在人腦並不擅長的背誦與記憶上面，而新

AI 將成為人類延伸的大腦，並將人類過多地耗費大腦資源在記憶上的情況解放出來，而這些解放的腦力資源勢必有一大部分會被用在增加人類創造力的方向，可預見的人類創造力大爆發也將導致**創造力貶值** —— 除非是極其稀有的創造力，一般的創造力將十分普遍而稀鬆平常。

另外，在過往人類認知的覺察與調整，通常都需要耗費非常長的時間，然而在新 AI 協助下，人類有機會拓展認知邊界（也將導致認知內容的貶值），進而深切認知到潛認知及暗認知 —— 而這也是本書第二部份將主要探討的內容。

新 AI 仍有許多不足，人們如何趨吉避凶

接下來我們再以 ChatGPT 為例，細看一下新 AI 的不足之處。ChatGPT 雖然在進行自然語言處理和文本生成等多種任務中表現出色，但在計算和數學方面卻存在著一些弱點。

ChatGPT 缺乏對數學和計算的理解和能力。例如，在處理複雜的數學問題和計算時，GPT 可能會產生錯誤的答案，或缺乏相應的解釋。這是因為 ChatGPT 主要是基於語言模型進行訓練，並沒有專門針對計算和數學進行訓練。這也意味著，ChatGPT 不能完全取代專門的計算機器或數學工具，尤其是在處理複雜的計算和數學問題時。

另一方面，由於 ChatGPT 能夠生成高度真實和說服力的文本，它可能會在某些情況下導致誤解或誤導。例如，在處理某些科學和技術問題時，ChatGPT 可能會生成錯誤的答案，或缺乏相關的知識背景。這也意味著，我們應該謹慎使用 ChatGPT，並在必要時尋求專業的建議和指導。

為了避免 ChatGPT 產生的誤解或誤導，人們還可以採取以

下建議的幾個動作：

- **使用可靠、可信的資源。**在處理科學、技術或其他專業問題時，人們應該尋求專業的建議和指導，並使用可靠、可信的資源，進行查詢和驗證。

- **注意 ChatGPT 生成文本的可信度和可靠性，**並進行必要的查詢和驗證。

- **保持對 ChatGPT 生成文本的批判性思維，**並在必要時進行進一步查詢和驗證。

綜合以上，從某種意義來說，ChatGPT 之類的新 AI，可以視為學習路上的一位書僮。然而我們應該如何充分發揮它的優點，並避開缺點呢？有大量使用需求的人，哪些職類屬性的人受益較多？有辦法推論所謂的好書僮是否有適用範圍嗎？以下分別列出可能受益的人，和看似應該受益但實際上不明顯的人。

最可能受益的五種書僮主人：

- **學生：**可以向新 AI 諮詢學術問題或相關資訊，尋求寫作建議，或了解某個主題的基本知識。例如，一名歷史科系學生可以詢問有關古希臘文明的訊息。

- **教育工作者**：教師或培訓師可藉此擴展知識，準備課程內容，或尋找教學方法和技巧。例如，一位語言教師可向新 AI 詢問如何教授外語的最佳實踐。

- **作家和編輯**：可藉此獲得寫作靈感、檢查語法和拼寫，以及編輯文本。例如，一位小說作家可向新 AI 詢問如何描繪一個引人入勝的角色。

- **研究人員和專業人士**：可以快速獲得專業領域的訊息，了解行業趨勢和最新發展。例如，一名市場研究員可以詢問有關消費者行為的趨勢。

- **語言學習者**：對於正在學習外語的人來說，新 AI 可以提供即時的翻譯支持，幫助他們練習語言技能。例如，一名英語學習者可以向新 AI 詢問中文詞語的英文翻譯。

看似應該受益，但實際上不明顯的五種書僮主人：

- **醫療專業人士**：雖然新 AI 可能提供相當程度的醫學知識或技術發展，但由於醫療領域的專業性和高風險，依賴 GPT 的回答可能導致錯誤的診斷和治療建議。

- **法律專業人士**：法律問題通常涉及具體的條例和細節，而

新 AI 可能無法提供最準確和最新的法律建議，更遑論法律問題通常還涉及複雜的人際背景與人情關係。因此，法律專業人士應謹慎使用 GPT 作為解決實際問題的參考。

- **心理治療師：** 雖然新 AI 可以提供一些心理學知識，但它無法像專業心理治療師那樣真正理解並建立與患者間的深層情感聯繫。因此，依賴新 AI 可能無法達到理想的效果。

- **高級科研人員：** 對於從事高級科學研究的人來說，新 AI 可能無法提供足夠的深度和精確度。這些研究人員通常需要深入閱讀原始文獻和專業出版物，而不是依賴新 AI 進行簡單的查詢。

- **藝術家和創意人士：** 儘管新 AI 可以為藝術家提供一些靈感和創意，但它可能無法真正理解、捕捉藝術家的個人風格和情感。對於追求獨特創作的藝術家來說，GPT 無法完全滿足他們的需求。

總之，雖然新 AI 在某些情況下可能對各種有大量閱讀需求的人有所幫助，但在涉及專業知識、風險和個人情感等方面時，它的侷限性就顯得尤其明顯。因此，在使用新 AI 時，我們應該清楚它的能力範圍，適時尋求專業人士的幫助。

通過考試等於取代人類專業？

　　微軟在 2023 年初發布了 GPT-4 的能力評估報告，其中一項引起廣泛關注的表現是 GPT-4 能通過 Sally-Anne test（是否能以他人的角色、觀點進行思考的知名心理學測驗），部分媒體報導甚至稱其具備 14 歲人類的心智能力。這樣的聳動標題，常能吸引大量的關切目光，但如此遽下結論，顯然在邏輯上是站不住腳的！這類新聞常出現的邏輯謬誤的框架如下：

　　因為之前：某些人類能辦到某件事（醫生通過醫師資格檢定考試）。

　　現在看到：有個 AI 也能辦到這件事（例如 GPT-4 通過醫師資格考試）。

　　所以推論：這個 AI 在此事件的相關面向上，「跟這些人類一樣厲害」（具備醫生該有的能力，甚至超越醫生，或說醫生將被 AI 取代了）。

　　然而，我們必須明確指出，只看到 AI 超越某群人類的某些能力，就直接斷言 AI 已超越或將取代那群人，或與那群人對等地相提並論，其實並不恰當。原因有以下幾點：

● 第一，這是以偏概全

我們用其他三個類似的例子進一步闡述，在評估 AI 能力時，不能將新 AI 與人類以偏概全地過度類比：

1. 某些人能輕鬆編寫引人入勝的小說，而現在某些新 AI 也能「創作」具有一定吸引力的故事。然而，這並不意味著該 AI 擁有相同的創造力和想像力，因為它們的創作過程是基於大量數據分析和模式匹配，而非真正的靈感和創意。

2. 雖然某些新 AI 可以成功地進行心理諮詢，但並不表示它們具備與專業心理治療師相當的同理心。新 AI 的諮詢過程，主要基於對大量心理學文獻的學習和模式識別，而非真正的情感理解和連結。

3. 現有的 AI 可以在圍棋等棋類遊戲中擊敗世界頂尖棋手，但並不意味著 AI 具有與人類棋手相當的智慧和策略。AI 在棋類遊戲中的成功，很大程度來自於其強大的計算能力和搜索範圍，而非真正的創新和獨特的思維方式。

● 第二，某人的某個能力，跟某人並不能畫上等號

我們需要理解人類和 AI 之間的本質區別。人類具有獨特的情感、創造力和適應性，而 AI 則是經由數據和算法來學習、

模擬人類的某些能力。儘管新 AI 在某些特定領域表現出色，但它無法完全取代人類的多樣性和複雜性。因此，將新 AI 的某些能力與人類的整體價值和職業相提並論是不合理的。

AI 的能力與表現，很大程度上取決於它所接受的設計、數據和訓練，也形成某些限制。即使新 AI 在某個領域超越了一部分人類，但它可能無法在其他情況、目的下維持同樣程度的表現，更遑論達到人類的水準。

理性地看待 AI，也就是客觀地看待人類自己

人類在工作和職業中的價值，不僅取決於他們的某些能力，還包括人際交往、溝通和團隊合作等多方面的素質。因此，即使新 AI 在某些方面超越了人類，也不能直接將其與人類的職業地位劃等號。人類在職場中的價值，遠遠超出了單一技能或能力的範疇。

我們應該客觀地看待 AI 和人類之間的關係。AI 技術的發展，為人類帶來巨大的機遇和挑戰，但這並不意味著 AI 就能完全取代人類或與人類平起平坐。在評估新 AI 的能力時，我們應該更加謹

慎、全面地考慮其應用範疇和侷限性，同時也要充分認識到人類
在工作和職業中的獨特價值。

　　舉例來說，在醫療領域，AI 可以協助醫生更快速地分析影像
資料，提高診斷的準確性。然而，除了專業知識外，醫生還需要
具備與病患溝通的能力、同理心，以及面對病患情緒波動的適應
性。這些能力無法經由 AI 獲得，因此 AI 不可能取代醫生的角色。
同樣地，在教育領域，AI 可能有助於提供個人化的教學資源，幫
助教師擬定教學方案與計畫，使學生更有效地學習。不過，教師
的角色，不僅僅是傳授知識，還要激發學生的興趣、培養學生的
批判性思維，並協助學生建立良好的人際關係。這些都是 AI 難以
企及的。在藝術領域，AI 可能創作出獨特的作品，但藝術家在創
作過程中所表達的情感、觀點和獨特風格，AI 終究難以模仿，僅
是「知其然而不知其所以然」。藝術家所創作的作品，往往反映
了他們對世界的理解和感受，是 AI 無法達到的高度。

　　因此，我們必須警惕對 AI 能力的過度樂觀和誇大，並將其發
展放在一個更廣泛的背景下考慮。人類在各行各業中的價值和地
位，是多元且獨特的，不該僅僅以單一技能或能力來衡量。在未
來的 AI 發展中，我們應該更加關注如何讓 AI 與人類協同合作，
共同創造更美好的未來。

總而言之，將 AI 能力與人類能力相提並論，甚至進行過度類比，是不正確甚至危險的，因為它可能會引導人們誤解 AI 的本質和侷限性。以下是一種更為合理的評估邏輯：

過去：某些人類能夠完成某項任務（如通過醫師資格考試）。

現在：有些 AI 也能完成相同的任務（如通過醫師資格考試）。

因此，我們可以推測：這個 AI「在**某些方面**可能與人類具有**相似的能力**」（如具備醫學知識）。但我們不能簡單地將 AI 與人類相等。換句話說，我們需要承認 AI 在某些方面的表現的確可能與人類相似，但同時要意識到，AI 和人類在心智、情感和創造力等方面存在根本性差異。

這將有助於我們更加理性地看待 AI 技術，避免對其產生過度樂觀或悲觀的情緒，並且更好、更全面地瞭解 AI 的潛力和挑戰，為其在各個領域的應用提供更加科學和可行的方案。在未來，AI 將與人類共同推動社會進步，我們應該抱著開放的心態，積極探索新 AI 和人類如何互相學習、共同成長的可能性。

2 新 AI 的頓悟之路

談過新 AI 的弱點之後，我們再回到新 AI 的強項：**新 AI 可以在人類不瞭解或無察覺的情況下，創造完全未知的東西／想法。**這是由於新 AI 在大數據訓練之下，已經能夠產生科學家未曾預期的「頓悟」的能力；而且這種觸類旁通的能力，也已經展示可以涵蓋在許多意想不到的地方。

這個特殊的頓悟能力，是人類過往革命性的發明或發現中從未見過的：人類發明了語言文字，但是語言文字本身不會再發明創造語言文字；人類的工業革命發明了機器，但是機器本身不會再發明創造機器；人類發明了收音機、電視機、飛機等物件，但是這些物件本身並不會創造發明下一代的物件……。這些曾經的劃時代發明與創造，幾乎都是為了更廣泛地服務人類這個種族或特殊的群體，而新 AI 卻非常有可能在人類不了解或無察覺的情況下，創造出完全未知的東西。

這種無中生有的能力，看似一個聚寶盆，但由於人類不了解或無法察覺這個創造或發明的過程或步驟，是否有能力控管與駕馭這個完全未知的東西，對人類將是一個很大的考驗。正因為有這樣的現象，本書希望與讀者分享如何化阻力為幫助 —— **經由與人工智慧的協同，人們可以逐漸探索潛認知，也可以漸漸覺察並理解暗認知。**這些都是我們將在第二部「新 AI 啟動了人類新的認知革命」中要分享的核心內容。

而現在，我們先來看看新 AI 的頓悟是怎麼發生的。而這又要先從「AI 是如何學習的」開始說起。

AI 的學習之旅

數據科學家在 AI 的發展過程中扮演著重要角色，他們主要負責教導 AI 如何從數據中學習，並解決各種問題。這裡我們將說明數據科學家是如何教導 AI 學習，包括訓練算法、建立模型以及優化過程：

一、**訓練算法**：數據科學家首先需要選擇適當的算法，以便 AI 能從數據中學習。選擇合適的算法，需要考慮問題類型、數據量和模型複雜性等因素。常用的算法下幾種：

- **監督式學習**：這種方法需要標記過的數據作為輸入，算法會根據這些標記數據進行學習。常見的監督式學習應用，包括圖像分類、語音辨識和情感分析等。

- **非監督式學習**：不需要標記的數據，算法主要經由發現數據中的模式和結構來進行學習。常見的應用，包括聚類分析、降維和異常檢測等。

- **強化學習**：主要目標是讓 AI 在特定環境中，經由與環境互動來學習。AI 會根據行為所產生的獎勵或懲罰，來調整其策略。常應用於遊戲、機器人控制和自動駕駛等領域。

二、**建立模型**：在選擇合適的算法後，數據科學家需要建立模型。模型是從數據中學習的結果，它能夠將輸入映射到相應的輸出。模型的建立過程，包括以下步驟：

- **數據預處理**：首先，需要對原始數據進行清洗和轉換，以便去除雜訊和不一致性。數據預處理可能包括空值填充、特徵縮放和數據標準化等。

- **特徵選擇**：接下來，需要從原始數據中，選擇最具代表性的特徵，以便降低模型的複雜性並提高訓練效率。特徵選擇方法可能包括遞歸特徵消除、基於樹的特徵選擇和主成分分析等。

- **模型訓練**：此時，數據科學家將使用選定的算法和特徵來訓練模型。模型訓練過程，通常包括梯度下降、交叉驗證和調整超參數等。

　　三、優化：為了獲得最佳性能，數據科學家需要對訓練好的模型進行優化。過程可能包括以下幾個方面：

- **調整超參數**：這些參數用於控制模型的學習過程。經由調整超參數，可以平衡模型的擬合能力與泛化能力，避免過擬合或欠擬合。

- **特徵工程**：進一步優化特徵選擇，可以創建新的特徵，或將現有特徵進行轉換，以改善模型的性能。

- **模型融合**：將多個模型組合起來，以獲得更好的性能。常用的模型融合技術，包括投票法、加權平均和堆疊等。

　　接下來的章節，我們將與讀者一起進入人工智慧發展過程中極為重要的「機器學習」以及「深度學習」，也會嘗試用簡單的圖形來向讀者說明，在人類學習中以及人工智慧經過訓練後產生的一種類似頓悟的結果，是怎麼來的。

　　當然，為了能夠充分傳達機器學習、深度學習，以及頓悟相關的觀念，我們不得不提到許多專有名詞，但我們不傾向解釋或說明這些專有名詞 —— 因為讀者可以很輕易地在網路上查到它們的定義，請容許我們模擬人工智慧釋放我們人腦寶貴的記憶力，將網路能夠查到的東西留給我們的延伸大腦。而在接下來的章節，基本上會用類似於人們在**沒有基礎**的情況下學習一種外語的過程，來類比機器學習以及深度學習等觀念。

機器學習

　　「機器學習」是一種複雜的專業領域，卻也是理解人工智慧不可跳過的課題。電腦和人工智慧都是人類發明的，但就像當我們想要讓任何人通過機器（工具）得到智慧一樣，得先讓機器進行學習。機器學習的核心概念，在這裡，可以經由一些日常生活的例子簡單地理解。我們先用製作三明治的例子，來比擬機器學習的基本原理。

　　讓我們想像 ——

　　你正在教一個完全沒有烹飪經驗的朋友做三明治。在初始階段，你可能會提供詳細的食譜，包括需要哪些食材、如何切割食材、怎樣將食材擺放在一起等等。你的朋友依照你的指示操作，這就像一個被程式化的機器，按照預先設定的規則運作。

　　然而，**機器學習的目標，是讓機器從經驗中學習**，而不僅僅是依賴僵固的規則。因此，你可能會讓你的朋友多做幾次三明治，嘗試不同的食材組合，瞭解哪些組合會產生最好的口感。在這個過程中，你的朋友透過反覆嘗試和經歷錯誤，學會如何製作出美

味的三明治。這種學習過程，就類似於機器學習中的**監督式學習** —— 也就是說，機器會從標記好的數據（這裡的「數據」，可以理解為不同的三明治製作方式及其結果）中學習，並在多次嘗試後，找到最佳的策略。

接著，當你的朋友學會基本的三明治製作技巧後，可能會開始嘗試新的食材或製作方法。例如，他可能會嘗試組合火雞和番茄，或試著將酪梨加入三明治。這個過程就像是機器學習中的**非監督式學習**，這種學習方式並不依賴於已標記的數據，而是讓機器自行探索和學習。

最後，你的朋友學會了如何自己創新，並且能製作出各種美味的三明治。但這並不意味著學習的結束 —— 隨著時間的推移，他還會發現一些新的烹飪技巧或食材組合，使他的三明治更加美味，甚至在各種烹飪比賽中獲得評審的鼓勵與建議。這種持續學習和改進的過程，就像是機器學習中的**強化學習**。在強化學習中，機器會透過與環境的互動來學習，並且在每次學習後，都會調整自己的策略，以優化最終的結果。

就像學習製作三明治一樣，機器學習也是一種透過從數據中學習，然後應用這些學習來進行預測或決策的過程。只是，機器學習的技術，無疑更加複雜許多。

用學習外語來理解機器學習

相信許多人都有這樣的經驗：學習新的外語（例如烏克蘭語），是個挑戰性十足的過程。這也可以有效地比擬機器學習的原理與過程。

學習語言的早期階段，通常涉及對該語言基本結構的理解，包括語法、詞彙和語音。這類似於**監督式學習**的概念 —— 演算法是從已標籤或分類的數據集中學習。例如，烏克蘭語的初學者可能需要背誦詞彙表和語法規則，這就像機器學習模型可能需要學習標記數據的特徵和對應的輸出。

當我們掌握了語言的基本結構後，就可以開始組合這些結構，形成句子，並進行溝通。這種探索和實驗的過程，類似於**非監督式學習** —— 機器學習模型必須從未標記或未分類的數據中，識別出有用的模式或結構。例如，學習者可能嘗試將已學的詞彙和語法規則組合起來，以創建新的句子，並理解它們如何在真實情境中工作、發揮溝通作用。

最後，語言學習者必須不斷地實踐和練習，以便更有效地使用這種語言並提高流利程度。這個過程與**強化學習**有關 —— 讓機器透過試錯和獎勵系統來學習如何完成特定的任務。例如，學習

者可能透過與母語為烏克蘭語的人進行對話，練習語言技能，並從對方的反饋中學習如何改進。與此相似，強化學習模型會試圖採取各種行動，並根據結果獲得正面或負面的提醒、建議，並以此調整自己的行為。

　　而不論是人類學習語言還是機器學習，共通的關鍵，都需要持續地實踐和調整。例如，語言學習者可能會發現，某些語法規則或詞彙在特定的語境下運作得更好。同樣的，機器學習模型在處理新的或不熟悉的數據時，可能需要調整其參數，以優化預測的準確性。

　　總的來說，學習新的外語如烏克蘭語，是一個動態、反覆的過程，需要理解語言的基本結構，進行創新的實踐，並透過不斷地獲得反饋做出調整。這個過程與機器學習的方法 —— 包括監督式學習、非監督式學習和強化學習 —— 有著許多相似之處。

邁向深度學習

在這裡，讓我們沿用學習一種全新外語（烏克蘭語）的例子，來理解「深度學習」的觀念：

機器學習如果只停留在前一節所描述的最一般的通用法則，那麼人工智慧的能力就會停留在進展非常有限的階段。改變這個困境的解方，就來自於深度學習的引入。深度學習也是機器學習的一種方法：**它模擬人腦的工作方式，透過層層的神經網路**來學習和理解資料。學習新的外語，是一個複雜的過程，需要學習者掌握一系列連續且相互關連的技能，這種過程正好用來解釋深度學習的觀念。

首先，想像你剛開始學習烏克蘭語。你可能會從基礎的字母和發音學起，就像深度學習模型在初級階段，也會從最基本的數據特徵（例如圖像的像素，或語音的音頻）打基礎。這一階段，就好比神經網路的**輸入層**，是整個學習過程的起點。

接著，當你掌握了基礎知識，將會學習進階內容，例如單字和基礎語法規則。這個過程對應到深度學習模型的**隱藏層**，這裡

是模型學習資料更多複雜特徵的地方。例如，圖像識別模型可能在此階段開始識別形狀、顏色或紋理。

最後當你熟悉烏克蘭語的單字和語法後，你會進一步學習如何應用並進行溝通，進而了解語境、口語表達和文化差異等。這一階段對應到深度學習模型的**輸出層**，模型會在這裡做出最終的判斷或預測，例如決定一個圖像包含的是哪種物體，或者一段語音的含義是什麼。

各種神經網路又是怎麼一回事？

學習新的外國語言（讓我們仍以烏克蘭語為例）的過程，還可以比擬為深度學習中的不同種類神經網路，包括**卷積神經網路（CNN）、深度神經網路（DNN）**和**循環神經網路（RNN）**的學習過程。

CNN 可以比擬為學習語言中的語音和書寫系統部分。當我們學習烏克蘭語的語音和書寫系統時，會在各種語音和字符之間尋找模式和規律，這就像 CNN 在圖像中找尋局部的視覺**特徵**。而這些局部特徵可以組合成更複雜的結構，例如我們可以由認識單個字母到識別單字，最後理解整個句子。

　　DNN 則可以比擬為學習語法規則和詞彙的部分。這一階段，我們必須理解更為抽象和複雜的**規則**，以將學過的字詞組合成有意義的句子。同樣地，DNN 是一種多層結構的神經網路，它能學習到資料中的高級**抽象特徵**。

　　最後，RNN 可以比擬為學習語言中的語境理解和會話技巧。當我們進行對話或閱讀文章時，需要**理解前後文的關係**，並根據之前的語境，來解讀後續的內容。同樣地，RNN 能**記憶先前的訊息，並在後續的處理中使用**，它尤其適合處理具有時間序列或順序關係的數據，例如語音和文字。

　　學習新的外語和深度學習，都是透過層層的學習、訓練過程，從基礎知識到更複雜的概念和技能，在反饋中修正，逐漸建立對世界的理解。兩者都需要大量的時間和實踐，並且持續進行調整和優化。

　　而任何學習都會遇到所謂的**「過度擬合」**問題。在語言學習中，這可能表現為過度依賴某種翻譯方法或字典，而忽視了語境和文化差異的影響。在深度學習中，過度擬合則表現為**模型過度學習訓練數據中的特定特徵，導致對新的、未見過的數據預測效果不佳**。這都需要我們進行調整，保持開放的學習態度，並注意到學習應該是一個全面和平衡的過程。

重要的結構學習

在人工智慧有能力進行深度學習後，我們迎來更重要的關鍵：「結構學習」（Structure Learning）。結構學習涉及到**識別**和**瞭解**數據中的**隱含結構**，並使用這些結構更好地解釋或預測未知的數據。這裡我們依然沿用學習新外語的比擬，仍是因為這個過程可以很好地反映結構學習的觀念。

- 第一步，語言學習的最初階段，涉及到對基本音韻結構的學習。這階段可以對應到結構學習中的**特徵識別** —— 我們會嘗試識別並瞭解烏克蘭語的音韻，並學會如何將它們組合成簡單詞彙。

- 第二步，進入學習語法結構的階段。這一階段相當於**模型構建**，要嘗試瞭解如何將單字按照特定規則組合成語句。這涉及更高層次的結構學習，需要學習並理解語言的結構規則。

- 第三步，學習如何根據上下文，對語句進行理解和使用。
  這一階段類似於**優化模型**，將經由實際使用語言並接受反
  饋，逐步提升我們的語言技能。這一過程，需要根據已經
  學習到的結構，理解新的訊息，並優化語言使用策略。

以下我們列出一些結構化學習的觀念，在學習一個新的外語
時，分別類比於結構學習的哪些動作：

- **神經網路架構搜索（Neural Architecture Search, NAS）**：學習烏克蘭語時，我們會嘗試多種學習方法，比如視覺卡片、聽力練習或是透過遊戲學習等。這就好比 NAS，在神經網路的結構中，尋找最適合解決特定問題的配置。

- **自適應神經網路（Adaptive Neural Networks）**：就像語言學習者會根據上下文和需求，調整語言使用方式；自適應神經網路可以根據輸入數據的特性，調整其結構和行為。

- **結構剪枝（Network Pruning）**：當我們的語言技能提升，我們可能會停止使用一些初學者等級的語法結構或詞彙；這就像結構剪枝，將神經網路中不再需要的部分（例如，對模型性能貢獻不大的神經元）移除，讓模型更輕量、更有效率。

● **模塊化和組件化（Modularity and Componentization）**：
學習語言時，我們會把詞彙、語法、口語表達等不同的
部分獨立學習，然後再組合在一起，形成完整的語言能
力。這就像模塊化和組件化，把神經網路分解成可重用
的組件或模塊。

● **零散連接（Sparse Connectivity）**：當我們學習烏克蘭
語時，不需要記住所有詞彙，而是只記住最常用和最重
要的詞彙。這就好比神經網路中的零散連接，不是所有
的神經元都需要相互連接，僅須連接最重要、對模型預
測結果影響最大的神經元。

● **學習率調整（Learning Rate Adjustment）**：這可以比
喻為調整你學習烏克蘭語的速度。剛開始學習時，你可
能需要花很多時間來理解基本的詞彙和語法規則，但隨
著對語言的掌握，學習速度可能會加快。這個過程與機
器學習中的學習率調整類似，學習率定義了我們更新模
型權重的步長，隨著學習過程，這個步長可能需要調整，
以確保學習的穩定和效率。

● **權重初始化（Weight Initialization）**：學習烏克蘭語時，
我們可能會借用已經熟知的語言（例如母語或其他已學
過的語言）來輔助學習。這就好比權重初始化，會用一
些預設值或從其他任務中學習來的模型權重，作為起始
點，更有效率地訓練神經網路。

● **優化器選擇（Optimizer Selection）**：在學習烏克蘭語的過程中，你可能會嘗試不同的學習方法，例如閱讀書籍、聽語言學習錄音，或使用語言學習應用程式。你會嘗試並選擇最適合你的方法，最有效地學習。這就好比在訓練神經網路時，選擇最適合特定任務的優化器。

經由這樣的對比與參照，我們可以看到，學習新語言的過程與結構學習之間的相似性。這種學習過程體現了結構學習的核心觀念，即識別和瞭解數據中的隱含結構，並據以進行更好的預測和決策。這也是機器學習和人工智慧中結構學習的核心目標。自此，人工智慧不再只能接受被餵養的數據來學習相關結構，而是能透過自身的學習，建構出最佳的結構。

在後續的第二部內容中，我們將以類似結構學習的精神，思考如何發揮人工智慧的特性，幫助人們察覺、理解、分析自我認知的一些重要面向，進行認知的提升，並能夠與人工智慧攜手成長。

AI 的頓悟與漸悟

學習中的漸悟與頓悟

在學習的過程中，「漸悟」和「頓悟」是兩種常見的理解方式。二者既相互關聯，也有各自的特性。以下我們將探討這兩種學習方法的不同。

「漸悟」一詞，常用於描述一種逐步累積知識，並逐漸理解新概念的過程。這種學習方式依賴於反覆練習和投入時間，以熟悉、掌握一種技能或一項知識。它具有很強的穩定性和持久性，因為它建立在不斷重複的基礎上，讓知識深入人心。

與「漸悟」相對的是「頓悟」，指的是在某一瞬間突然理解或獲得新的見解。這種學習方式常常出現在解決問題或創新思考的過程中，有時候，一種新的想法或觀點可能會突然出現，帶來全新的理解和啟示。這種方式往往能帶來深層次的理解和變革，並激發創新和創造力。

兩種方式都是學習的重要組成部分，並且在不同的情境和學

科中，需要不同的比重。例如，在學習語言或數學這種基於**清晰規則**的學科時，漸悟往往比較重要。而在解決**複雜**問題或進行**創新**設計的過程中，頓悟可能更加重要。

　　學習過程中的漸悟與頓悟，像是兩種互補的策略。透過充分理解和適當運用它們，可以有效地提升學習效率，增強創新能力和解決問題的能力。因此，在設計學習計畫或教學策略時，都須將兩者納入考慮，適時調整整體策略，以達到最佳的學習效果。

人工智慧的 Emergent Abilities，與人類的頓悟

　　在探討人工智慧如何獲得類似「頓悟」的能力之前，我們需要先了解何謂 「emergent abilities」。在 AI 領域中，「emergent abilities」通常指的是 AI 經過大規模數據訓練後產生的預期外新能力。這些能力並未被明確地程式化，而是經由大量的數據學習和模式識別，逐漸顯現。類似於人類的「頓悟」，AI 的「emergent abilities」同樣是在一個關鍵時刻，突然理解並掌握了新的知識或技能。

　　需要注意的是，儘管 AI 的「emergent abilities」在某種程度上類似於人類的「頓悟」，但它們之間仍存在著重要的差異。首

先，AI 的「頓悟」是建立在大量數據和算法的基礎上的，而且它的學習過程完全依賴於數據。然而，人類的「頓悟」往往涉及到更複雜的認知過程，包括但不限於經驗、情感、直覺和創新思考等。

其次，AI 的「頓悟」通常是預設目標導向的，它的目標通常是為了解決特定的問題或達到特定的效果。而人類的「頓悟」往往包含更廣泛的範疇，並且可能出現在無特定目標的情況下。

隨著人工智慧技術的不斷進步，我們可以期待 AI 將會產生更多的「emergent abilities」，並且在各種領域產生重要影響。然而，同時也應該意識到，AI 的「頓悟」並不能完全替代人類的「頓悟」，兩者之間仍然存在著必要的互補性。在未來的探索中，如何有效地結合和利用這兩種「頓悟」，將會是我們需要面對的重要問題。

頓悟是有意識與無意識學習後，認知網路元件的組合與呈現

在人類的學習過程中，頓悟源於對多種觀念和技能的掌握，並將它們結合起來，以理解一種全新的觀念。這種現象不僅揭示了人類認知的複雜性，也對我們如何理解學習過程，提供了深刻的見解。

　　在學習新的觀念或技能時，我們不僅單純地複製或記住這些訊息，實際上會進行一種內在的整合過程。例如，當我們在學習觀念 A 時，可能會從 A1 學到 A9，並且在這個過程中，建立對 A 的全面理解。同樣地，當我們學習其他觀念，如 B 到 Z，也在不斷地吸收、整合和深化自身的知識。（可參照圖 1-1）

　　在此過程中，我們的大腦實際上正在建立一種「知識網路」，在這個網路中，各種不同的觀念和技能都被連接在一起，形成一種動態、互相影響的系統。而當我們遇到一種新的觀念，如「新觀念 -1」，就可以透過這個知識網路，迅速找到與其相關的已有知識（在這個例子中是 A1、B2、C3、D4、E5），並將它們組合起來，以理解這個新觀念。

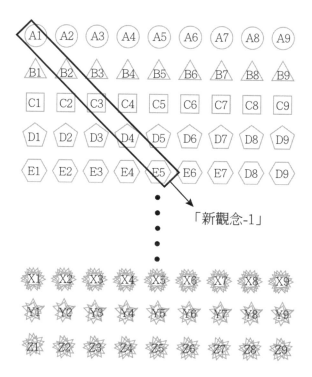

圖 1-1　頓悟

試圖拆解頓悟可能發生的成因時，可以想像一下：當我們學習「A」這個觀念，通常是依理解的程度，逐步學習到從 A1 到 A9 的內容。同理，學習「B」這個觀念時，也是依理解的程度從 B1 到 B9 漸漸學習。而當學習的資料愈來愈豐富，我們將能推進學習到從 Z1 到 Z9 的內容。而這個時候，如果有另一個「新觀念 -1」要求掌握 A1、B2、C3、D4、E5 才能理解 ── 雖然我們沒有學過「新觀念 -1」，但在之前學習其他東西時，已經分別學會了 A1、B2、C3、D4、E5 這些觀念，因此從旁人的角度看，我們就在沒有特別為此學習的情況下，頓悟了「新觀念 -1」！在圖 1-2 中，人類或許尚未能理解「新觀念 -1」，而 AI 卻已經能頓悟「新觀念 -1」了！

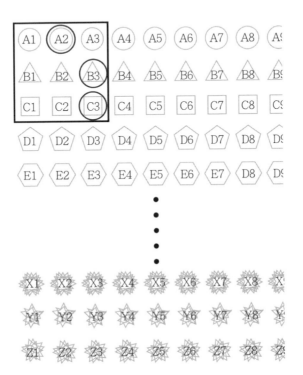

圖 1-2　人類頓悟

學習內容：A1 ～ 3、B1 ～ 3、C1 ～ 3

可能頓悟：A2、B3、C3

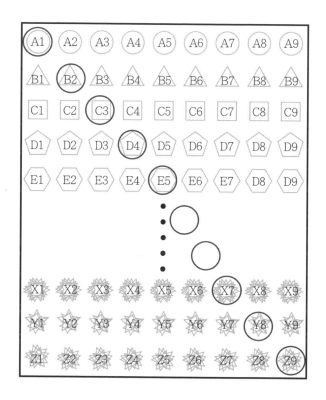

圖 1-3　AI 頓悟

學習內容：A1 ～ 9，B1 ～ 9，C1 ～ 9……Z1 ～ 9

可能頓悟：A1，B2，C3，……Z9

（圖 1-1 ～ 1-3，聯譜顧問公司提供）

　　這種過程對外人來看，可能就像我們突然「頓悟」了「新觀念 -1」。儘管事實上，這是長時間學習和累積知識的結果。這種現象，在學習理論中被稱為「遷移學習」，即是將某個領域中習得的知識或技能，運用到另一領域的能力。這種能力是人類認知的重要特徵，也是成功適應並掌握複雜知識結構的關鍵。我們會在無數的學習領域和情境中，看到遷移學習現象，包括語言學習、科學教育，甚至在日常的生活決策中都起著作用。

　　這種組合以前學習的不同觀念的能力，是我們創新思維的基礎。換句話說，「頓悟」不僅是理解新觀念的方式，也是創造新觀念的方式。因此，創新從來不是憑空產生，而是建立在過去學習的知識和經驗的基礎上。

3 對於未來 AI 的期待

人類是否該擔憂語言系統被人工智慧破解

　　新 AI 展示了人工智慧在某種程度上已經掌握人類語言的複雜性。它們透過大規模的語料庫學習並理解語言中的語法結構、詞彙，乃至於語義關係，進而生成語句、段落甚至文章，展現出人類語言的使用能力。但我們想問的是，由人類創造的人工智慧系統，充分掌握另一個由人類集體所創造的語言系統這件事情，到底代表什麼意義？作為一個系統，語言到底是不是一個簡單的系統，所以才能夠在這麼短的時間內，被人工智慧充分掌握？還是說，語言是個複雜的系統，雖然人工智慧已經能掌握語言這個複雜系統的主要部分，但還有許多我們尚未察覺或不知道的部分，值得我們去探索？

針對這種人工智慧掌握人類語言所代表的意義，我們也許可以透過 Godel's Incompleteness Theorem（哥德爾不完備定理）來進一步思考。哥德爾不完備定理指出，在任何足夠複雜的形式系統中，總是存在一些無法在該系統內證明的陳述。如果我們將人類語言視為這樣的一種形式系統，那麼依照這個定理，我們可以推論在人類語言中總會存在一些無法在語言本身中證明的陳述。但是人類的語言到底是不是一個足夠複雜的系統呢？── 作為持續演化、不斷創新的人類，我相信這是可以肯定的，所以語言體系才能伴隨著人類不斷地成長與創新。

基於這樣的相信，在這個超級人工智慧（即本書一開始提到的「通用型 AI」）即將到來的年代，探索、發現，進而駕馭那些人類語言系統中，我們目前並不了解或察覺的部分以及細節，將會非常有趣。所以在本書的第二部，我們將帶領讀者探索這些有趣的未知領域，而且探索的範圍並不只在語言的部份，更將深入跟人類認知有關的種種機制。

即使 AI 掌握了人類（尚有不足）的語言系統，又如何？

現在，當我們看到新 AI 如 GPT 已經能相當大程度掌握人類

語言時，或許會問：AI 是否真的完全理解了人類語言的所有細節和複雜性？或者，它是否只是在模仿我們的語言，並未真正「理解」？哥德爾不完備定理提醒我們，即便是人類本身，也無法完全理解並掌握自己的語言。這個觀點不僅有助於我們更全面地看待 AI 的能力，也揭示人類語言的本質：一個不完備但仍足夠強大的溝通工具。

其實，語言思考的本質，就是在尋找規律，而只要是規律，就是對實際現況的「壓縮」。而某個系統被認定為「複雜」的一個非常重要的指標，就是在這個系統中，有些東西**無法被壓縮**，也可以把它想像為一種不可壓縮的複雜！

我將在本書第二部深入淺出說明，在這一波的 AI 革命中，資訊、認知的壓縮與還原所扮演的角色，也將以資訊壓縮與還原作為切入點，去深切思考在認知的層面上，我們的認知壓縮與認知還原，將是人類覺察、理解，乃至於駕馭超級 AI 的核心能力。

對於那些十分擔心人工智慧即將全面取代人類的觀點，我也想提出一些想法。在上面的說明中，沒有證明人類的語言是個複雜系統，當然也沒辦法直接下結論宣稱 AI 尚未完全掌握人類的語言系統。然而如果我們從另一個極端來討論，也就是假設 AI 確實已經能掌握人類的語言系統，是不是就值得擔憂了呢？

　　我想先簡單地回答：不是！在本書第二部中我將一步一步地與大家分享人類的語言其實也有許多不足的地方，因為人類的演化著眼於生存，而非對錯與完美，因此在演化的一路上也留有許多弱點，例如人類的感情如此豐富，但希望用言語表達時，卻只能進行線性的陳述，而那些更立體或更多維度的感知與感受就被省略了。

　　而人工智慧學習的基礎，卻是這些局部的、線性的、不完整的語言表達，而不是那些豐富的、立體的、完整的感官感知體驗。所以即便是人工智慧已經能全然掌握人類的語言系統，我們人類也只有一小部分，而且甚至是十分不完美的一小部分被人工智慧掌握了而已，更不用說其他那些對於人工智慧還十分難以駕馭的部分，例如更複雜的人類思維、意識，以及價值觀。

AI 超越人腦，要跨過哪些門檻

　　到目前為止，人工智慧的發展已經跨越了以規則為基礎（rule based）的 AI（例如社群媒體平台篩選與推送訊息的 AI 等等）、內容覺察與留存處理 AI（context awareness & retention）的時期（例如 Siri 及 Alexa 等等），而到特定領域（domain-specific）專用型 AI（例如下棋的 AlphaGo、蛋白質結構摺疊的 AlphaFold 等等）。

　　GPT 算是一個集大成的 AI，因為它是基於內容覺察與留存處理的 Transformer 架構所開發出的超級接龍機器人，也就是一種專用型的聊天機器人；更由於它在被訓練的時候也使用到程式設計師平台 GitHub 的內容，所以它也是一個不錯的程式設計師 —— 近期 OpenAI 為了 GPT 推出的外掛程式 Code Interpret 就說明了這一點。正因為它駕馭語言的能力超乎之前的想像，所以常被誤認為通用型的 AI。那麼新 AI 從現在的 GPT 到未來的超級 AI（通用型 AI）的到來之前，需要突破的技術或其他門檻，又有哪些？

　　● **學習並掌握人類的思考與形成想法（thinking & reason-**

ing）：當前的深度學習模型，通常依賴於人類設定的目標
和獎勵信號。要使機器超越人腦的思維框架，可能需要讓
它們具有自主學習和設定目標的能力。這可能涉及到研究
新的強化學習方法，以及如何讓機器從環境中自動發現有
趣和有價值的目標。在這個階段，AI 可以真正讀懂一本書，
並能如人類一般地理解與精心策畫計謀。

● **社會智慧和情感智慧**：要讓深度學習超越人腦，以便在人
類社會中更好地交流和協作，這需要研究如何讓模型理解
和模擬人類的情感、意圖和信念，以及如何根據這些訊息
做出適當的行為決策。人類與 AI 將可運用我們在第二部
說明的認知拓展方式，一起攜手並進。

● **可擴展性和泛化能力**：這是為了超越人類思維，以便在
各種不同的任務和環境中取得高性能。這可能涉及研究
新的機器學習方法，譬如元學習（meta-learning）、遷
移學習（transfer learning）和多任務學習（multi-task
learning），以及開發更有效的模型架構和訓練策略。在
這個階段的 AI，基本上已經掌握了人類的思考與認知能
力，所以也可以被稱為強 AI 或 AGI，因為此時 AI 已掌握
人類所有面向的智慧。

- **能源效率和計算資源**：要使深度學習超越人腦，機器需要在有限的能源和計算資源下實現高性能。這可能需要研究新的硬體設計和神經網路結構，以及開發更高效的算法和優化技術。目前的人工智慧在計算上的能源效率比起人腦還差了幾個數量級，例如讀者可能也常聽到 GPT 每個月的電費都是天文數字，而人類的大腦功能無所不包，但用到的能量幾乎只等同於一個 20 瓦的燈泡。因此，讓 AI 跨越這個能量效率的門檻，以達到接近甚至超越人腦的運作效能，將極為重要。

- **可解釋性和可信賴性**：這可能涉及到研究新的可解釋性技術以及開發方法，來評估和提高模型的可解釋性、可信賴性和安全性。人類對於新 AI 的各種擔憂與恐慌，其實常常來自於其深度學習與頓悟的背後猶如黑盒子一般的神祕。為了達到人類與 AI 雙贏的未來，可解釋性與可信賴性將是更廣泛協作必須跨越的重要門檻。

- **克服人類的終極恐慌**：在過往，人類雖然創造過許多在某些方面超越人類**個體**能力的發明，例如汽車、飛機、核電廠、原子彈、基因科技等等，然而在**整體**的人類視角上，我們最多只有擔憂卻極少恐慌。但當 AI 到達 AGI 的程度 —— 也就是 AI 的能力已經能與人類的能力並駕齊驅時，

人類的擔憂與恐慌將會到達一個臨界點。而當 AI 到達 **ASI**
(artificial super intelligence) 的時候，也就是 AI 真正
的全方位超越人類個體與整體的時候，人類是否已經準備
好與 ASI 共存，並進入完全的未知領域，甚至達到所謂的
奇點（singularity），也就是 AI 達到**人類無法控制，AI**
發展無法逆轉與預測的階段的話，人類的命運，將端視我
們到那時候之前，是否已達全面準備。

　　實現上述目標需要跨專業、跨認知的合作和研究，以及持續
的技術創新。要讓深度學習超越人腦的思維框架，並經由複雜系
統的湧現能力達到新的境界，需要克服眾多技術和理論上的挑戰。
然而，隨著人工智慧領域的快速發展，這一目標或許在未來幾十
年內變得愈來愈可行。

中長期而言該有的擔憂：超級 AI 的逆襲

　　人工智慧的快速進步，已引起全球的廣泛正反討論，其中 AI 的湧現能力或頓悟能力，讓我們面對許多尚未解答的問題和挑戰。許多開發人工智慧的公司包含 OpenAI 都特別提醒，必須以更批判的角度進行審視，關注人工智慧關於如權力尋求、自我複製及自我改進等等的能力。這裡所稱的 AI，是指從現在的新 AI 慢慢過渡或轉變成為超級 AI 的過程中，可能逐漸觀察到的種種能力湧現：

- AI 的**權力尋求行為**，是必須特別留意的一點：在資訊科技快速發展的今天，AI 在許多領域都已有顯著的影響力。然而，我們要警惕這種影響力可能被刻意過度集中，導致權力的不平等分配。例如，AI 在決策過程中的權重過大，可能導致人類被邊緣化，創造出一種新的權力結構，這種結構可能使得少數擁有先進技術的人或組織在權力上占據主導地位。

- AI 的**自我複製能力**：自我複製能力使其能以驚人的速度傳播和擴展，如果沒有適當的管理和控制，有可能導致 AI

技術被用於不當的目的，例如在網路攻擊或數位犯罪中使用。同時，這種快速擴展的能力可能也帶來對人類經濟、社會結構等各種不可預測的影響。

- **AI 模仿人類情緒並發展出自我意識**：情緒是人類個體的重要特徵，也是自我意識的主要成分。當人工智慧所能表現的情緒超越文字接龍，達到自主性模仿人類情緒的程度時，這將意味著 AI 將能夠有意識地與真實人類進行廣泛性的、全面的共情，在這種情況下，人類輕則受其影響，重則完全被拖著鼻子走，也就是可能徹底失去選擇的權利。

- **AI 的自我改進能力**：自我改進能力是 AI 重要也最具挑戰性的特質之一，經由機器學習和深度學習，能不斷改進並優化其性能和效率。然而，這也意味著 AI 可能達到一種超級智慧的水準，其能力遠超過人類的理解和控制。在這種情況下，人類如何確保自己能維持對 AI 的控制，並防止其潛在的威脅，是我們必須認真考慮的問題。

總之，AI 的湧現能力提出了一系列的挑戰，這需要以更全面和批判的視角來看待，確保 AI 能帶來更多利益，而非成為新的威脅。這將需要我們在研究、政策制定和教育等各層面作出努力，並持續對 AI 的發展進行密切的觀察和監控。

短期而言該有的擔憂：民主社會的風險與因應

新 AI 或將顛覆人類的民主制度

　　由於這一波的新 AI 革命是由西方的一些公司所帶領的，它們的主事者意識到手上這個工具極有可能是他們自己也無法駕馭的，所以不斷發出呼籲，希望政府或相關主管機關能一起參與，甚至主導未來人工智慧發展的各項規範。其他競爭公司以及許多有識之士也發起連署，希望暫緩目前人工智慧的研發六個月，這些擔憂的出發點，都是希望在人工智慧成為脫韁野馬之前，能產生多方的共識與規範，否則這種小孩玩大車的狀況，極有可能以悲劇收場。

　　然而對於私人公司而言，新 AI 的發展算是一個對於公司生死存亡關係極大的軍武競賽，所以他們對於人工智慧的研發是絕不可能稍有停歇的。我們相信，這些連署或公聽會最重要的效果，主要就是喚起廣大群眾以及政府當局對新 AI 可能引起的影響的重視，並促使其有機會納入適當的監管。

　　不過事情的發展很可能超乎所有人的想像，例如 2019 年底

新冠肺炎病毒的出現，就殺得大家措手不及；目前許多有識之士更擔心的，是許多主要國家將在 2024 年迎來總統或國家領導人的選舉，而人工智慧極有可能影響選舉的過程與結果，甚至顛覆人類的民主制度。

相較於「由上而下」的指揮與貫徹架構（如獨裁體系），民主制度的設計主要架構成「由下而上」的選擇體系。由上而下指揮的體系在承平之時，各方意見差異不大或衝突不明顯，會比民主制度更有效率；反之，由下而上的民主制度並不著眼於上位者的正確與英明，而是經過各種對話、辯論、公投等過程做出選擇，這些選擇當然不能保證更正確或更有利，然而這就是民主的代價。

相較於獨裁政權，民主制度有一個無可取代的能力，也就是自我修正的能力，讓民主制度得以經由頻繁的摸索或錯誤而改進，整體而言付出的代價便可以降低。反觀由上而下架構體系的過往歷史，許多違反人性的運動或社會實驗，常常帶給自身部分或全部人民極大的或長期的傷害。

不過有趣的是，許多生活在極權社會中的人民（可能因為長期洗腦的結果）認為他們其實擁有民主自由；而許多生活在民主自由社會中的人民（同樣也可能因為長期不同洗腦的結果）反而認為他們的政府總有各種陰謀想控制人民（陰謀論），所以他們

並不是生存在民主自由的社會，反而是在另一種極權社會中。

那麼新 AI 將如何顛覆現行的民主自由呢？可能性當然很多，甚至有許多可能性不為我們目前所能察覺或感知。我們想提出兩種極端相反的方向，讓讀者更全面地思考：一個是假新聞；而另一個則是政府監管的呼聲甚囂塵上的方面。

● 新 AI 將製造海量假新聞？

人類的社會受到假新聞的污染與荼毒，已經有一段不短的時間，不過迄今為止，許多自認比較聰明的人類個體總能看出許多假新聞的破綻，也能將這些破綻經由各種方法告知人類的同儕，從某種角度來說，這些假新聞也有可能止於智者。

然而基於 LLM 的人工智慧語言模型，可以寫出比過去任何假新聞更合理、更沒有破綻、說服力更高的假新聞，這些被刻意創造出來，用正經八百的方式生產的胡說八道，更有機會逃脫以往訊息守門員的把關，而影響更多的人！想想看，現在政論節目的主持人和名嘴，常常僅用報章雜誌的聳動標題就已經發揮了多大的影響力，如果人們每天收到排山倒海般由人工智慧製作的選舉文宣，例如偽造特定候選人性騷擾的對話或影片、與境外勢力勾結的文件、收

受特定利益集團賄賂等等內容的時候,人們如何撥開迷霧做出決定呢?

在過往的廣告或是社群媒體平台的訊息,主要希望能獲取受眾的注意力,而新 AI 將會一舉超越**注意力的擷取**,直接占據**影響力**或**選擇權**的重要角色!這個部分的影響,我們在不久後的國內外選舉中將會明顯看到,且讓我們拭目以待。

● 政府真的有能力監管 AI 嗎?

第二個可能會造成民主遭到顛覆的一個極端理由,來自於目前要求政府監管的呼聲甚囂塵上。大家可能會覺得很奇怪,政府的監管為什麼可能導致民主制度的崩壞?大家別忘了,在理想的狀況下,人民是主人而政府是公僕,所以會形成「小政府,大人民」的局面。而當許多人呼籲要引入或建立積極的政府監管的時候,這就像《伊索寓言》中青蛙們向上天要求指派一個國王來管自己的故事(結果來了一條大蛇)一樣,非常本末倒置。

我們想要分享幾個為什麼在新 AI 的年代,積極的政府監管不一定是最好安排的看法:首先,許多有識之士舉例類比當今的新藥被研發出來之後,可以經由政府要求的臨床試驗把關安全性與有效性,並且能夠最終決定能否讓這款新

藥上市；所以政府可以設立類似 FDA（食品藥物管理局）的機構，審核人工智慧產品的上市許可。但是，在新 AI 年代，人民仍無法在家自行製作新藥，也不可能因為連接到新藥公司就取得新藥；但卻可以用家用電腦甚至手機作為媒介連上強大的人工智慧系統，去做許多原本想像不到、甚至顛覆世界的事情。所以，即使真的設立了專責的監管機關，也難以達到像新藥審查一樣的效果。

再者，在過去幾年中發生過的類似茉莉花革命顛覆或推翻政府的例子中，其實政府正是人民想要顛覆的對象；而在上述的假新聞疑慮中，政府本身甚至常常是製造或散布假新聞的主體。若是人民把規範、監管人工智慧的機制和權力直接交給政府，那政府就成了球員兼裁判，如果有任何不法、不合理的操作，人民將更束手無策！

最後，就算人民還是決定將監管人工智慧的權力交給政府，而政府也願意公正地來面對這個來自未來的挑戰，但問題是：政府完全沒有這個能力！其實從這次的人工智慧大爆發是由許多私人公司所引領的情況可以看得出來，政府的思維方式，比較著重於既有權力的穩固，然後尋找公平的方式來處理或分配經由稅收或其他途徑取得的資源，基本上並不擅長處理之前沒見過的挑戰，更不可能快速因應這些挑戰。於是我們更常看見的，不是預防性的或建設性的

制度建立，反而是事後諸葛的獵巫行動，等事情出錯了把一個人或一群人抹黑成為代罪羔羊，讓其他不明就裡的人都向這些代罪羔羊丟石頭。

世界可以借鑒台灣的前瞻性

從上面的段落我們可以瞭解，新 AI 的到來，給人類帶來了前所未有的挑戰，影響層面非常廣，不僅僅包括個人的學習與工作，也牽動許多大數據、資料科學等等公司的優勝劣汰；進而擴及一個國家民主自由的程度及選舉的公平性，更有甚者，對人類這個種族的存亡以及在這個宇宙中的地位，都有舉足輕重的關連。在這個充滿對於未來的未知與不確定的複雜情境下，我們應該如何因應呢？

台灣在國際社會上一直尋求扮演積極的角色，雖然在許多國際組織中，台灣都不是正式的成員，但是台灣仍然不斷提升自我要求，也提供、貢獻了不少於正式成員的付出。在政治上，台灣內部一直存在著無法融合的聲音與族群，然而在外人看似混亂的互動中，台灣的人民其實過著讓許多其他國家的國民稱羨的日子。台灣這種在國內與國外都面臨著他人無法想像的分歧，卻能持續

而穩定發展的能力與經驗，其實是造就了台灣對於**風險與不確定性的適應力**的最佳展現。

此外，台灣並沒有停留在遭受壓力然後反應的被動立場，而是總能發掘對長期發展更有力的前瞻性策略，例如：當絕大多數亞洲社會尚未接受同性婚姻的時候，台灣成為第一個同性婚姻合法化的先驅；當新 AI 出現而大家對於因應方式莫衷一是的時候，台灣也是世界上唯一有數位科技政委的先行者。在過去，台灣的高科技園區帶動了半導體及相關產業的蓬勃發展，及技術戰略在國際上地位的不可取代，當現在世界面對人工智慧年代的風險與不確定性，台灣的前瞻性，其實將更值得其他國家的借鏡！

準備好讓 AI 幫你做決定了嗎？

　　而更迫近的，是新 AI 對於人類個體生活的全面影響。這也讓許多有識之士發出擔心的聲音。尤其是 AI 將漸漸接管許多人類的決定權，甚至是更深層的權利。

新 AI 將逐漸分擔人類的決策負擔？

　　我們人類生存在這個世界上，每天都面臨著許多需要決定的事情，小到每一餐要吃哪些食物，到做哪些工作、學習哪些事情，生病時看什麼醫生動什麼手術……，或許都曾自嘲要是有好幾個自己來分擔這些事情就好了。現在機會來了，新 AI 將逐漸地分擔這些因為需要做決定而承擔的各種壓力。但，真的不會有問題嗎？

　　例如我們現在都很期待自動駕駛汽車的到來，因為這樣可以減少各種交通相關決定的耗神，但許多跟駕駛決策相關的哲學、法律與道德等問題，該怎麼處理呢？又例如我們從小就被教育，在公民選舉中就是要選賢與能，新 AI 若可以協助分析比較各候選

人的優劣，那麼我們投票時就不會猶豫不決了，然而讓人們困擾的是，現在虛假消息氾濫，在選舉前每個候選人都遭抹黑，導致我們永遠覺得要在爛蘋果中選一個沒那麼爛的。

或者像是，我們總以為有了網路以及手機後，生活可以變得方便、簡單而有效率，事實卻是注意力被相關公司的演算法所占滿，導致我們總是被制約地刷著手機而無法自拔。

從注意力的被剝奪，到選擇的被剝奪

其實，我們的注意力被高科技產品綁架，只是一種表象；真正重要的，是在不知不覺中，我們的選擇跟決定就被這些高科技公司設計好的演算法制約，甚至剝奪了。這些決定權的被剝奪，其實是演化成「現在的我們」的一個 bug，這個 bug 使我們的大腦在做決策的時候，傾向於走捷徑、節省能量，於是我們為了近期或短期的方便，甘願犧牲長期的利益；也非常可能為了自己的方便，犧牲掉離你比較遠的、看不見的、沒有察覺到的那些人群的利益。

而新 AI 的出現，將更加放大這種效應，也就是在提供給你各種方便的同時，剝奪原本屬於你的各種決定權。我們會在後面的

章節與讀者分享，如何用「潛認知」及「暗認知」來一步一步覺察、認知，並外顯化那些在不知不覺中你被剝奪的各種權利。

用認知壓縮與認知還原來轉化阻力為幫助

面對這樣的變革，我們首要的因應之道是要能夠**對於這些剝奪有所覺察**，但是在很多訊息被壓縮或包裝之後，要能真正覺察，就變成很大的挑戰。例如在 2008 年美國發生次貸危機的時候，許多不良資產都被包裝成非專業人士很難分辨優劣的衍生性金融商品。

所以，面對被高度壓縮或包裝的資訊，我們必須培養解壓縮或是還原的認知與能力，而我們更可以利用超級人工智慧的長處，化阻力為幫助，協助我們察覺、感知、分析比較，最後再來因應處理。在本書的第二部我們將嘗試著與讀者分享，如何在新 AI 的協助下，進行「認知壓縮」與「認知還原」，並在不同的認知層面上試圖調整認知的「顆粒度」，進而拓展認知邊界，才能更好地迎接超級人工智慧的到來！

第二部

新 AI
啟動了人類
新的認知革命

如果你想知道這些關鍵問題：

◆ 為什麼說即便新 AI 掌握了人類的語言也只掌握人類能力的一小部分？而且還是不甚完美的那一小部分？（參見 P115）

◆ 語言能表達你所想傳達的全部內容嗎？（參見 P124）

◆ 你用語言表達時對哪些內容總是欲言又止呢？（參見 P151）

◆ 新 AI 在對話的時候為什麼總是自信滿滿？充滿偏見？（參見 P127）

◆ 有沒有簡單的方法，可以覺察自己或他人的偏見？（參見 P184）

◆ 有哪些是你已經掌握卻不自知的認知呢？新 AI 可以怎樣協助人們
揭露它們？（參見 P182、187）

◆ 什麼是「未知的未知認知」？新 AI 可以如何協助人們揭露這樣的
認知呢？（參見 P196、201）

◆ 你是否能覺知，為了能在群體中獲得歸屬感，付出了什麼代價？
新 AI 可以如何協助你揭露這樣的覺知呢？（參見 P193、201）

◆ 你是否更在乎電視的畫質與電腦螢幕的解析度，卻很少對自己語
言能力的解析度給予同等的關注？（參見 P144）

◆ 你是不是總是迫不及待地想升級手機或電腦，卻總忽視或延遲升
級自己的大腦或認知呢？（參見 P114）

4 理解認知的壓縮
與還原

新 AI 打頭陣的 LLM 有兩個特點，一個是深度學習，一個是應用自然語言，都是模擬人類的認知而達到里程碑的成就。不論是為了更進一步了解新 AI 的特點，還是為了讓人類在有了新 AI 之後進一步發動自己的認知革命，我們都需要了解「認知」到底是怎麼回事。

和「認知」相關的課題，讓我們先從「認知的壓縮」及「認知的還原」談起。

認知壓縮

　　「認知」是我們**獲取知識、理解世界並解決問題的過程**，涵蓋從外部環境獲取訊息，到大腦的運算，最後產生語言或行為反應的所有步驟，包括感受、記憶、思考、注意力和解決問題等。在我們與環境互動的過程中，認知發揮了關鍵作用。它影響我們的行為，決定我們如何詮釋、反應環境中的刺激。認知能力的強弱，影響學習的效率和品質，也影響決策品質和社交能力。

　　要能充分了解「認知」，需要先知道什麼是「認知壓縮」（Cognitive Compression）。基本上，認知壓縮是一種將接收到的龐大訊息量，經由篩選、縮減為可以被大腦有效處理的訊息的過程；也是當我們要表達的訊息非常龐大時，縮減為可以有效表達的過程。所以，我們從出生之後所走過的學習之路，大多都和「認知壓縮」有關。現代生活中，認知壓縮可說是無處不在，譬如：

- **成語：**僅寥寥數字，卻可以壓縮一個複雜的情境或故事。例如，「聞雞起舞」就用四個字點出一個故事，和它所表達的早起的道理。

- **詩詞**：例如「白日依山盡」只有五個字，卻壓縮了一幅巨大的風景畫。

- **隱喻**：將複雜的概念或情境，轉化成熟悉和易於理解的形式。例如「人生就像一場馬拉松」，便是將人生的長期奮鬥和持續努力，比喻為馬拉松賽跑。

- **地圖**：僅僅使用用圖形、色彩和標識來表示，便能指引地理位置、地形、距離和方向等豐富訊息。

- **數學與物理的公式**：將複雜的現象或規律，精簡成幾個變數和運算符號組合。例如，畢達哥拉斯定律，即是把直角三角形三個邊的關係，簡化成一個簡單的公式。

- **統計資料與圖表**：將大量原始數據簡化成易理解、分析的形式。例如柱狀圖可清晰地呈現各分類的數量比較。

- **將某類人事物貼標籤**：使他人可以快速地理解、判斷被標示的對象。例如，稱某人為「天才」或「廚師」，便使人建立了初步的基本印象。

- **習慣與慣例**：將複雜的社會規範和行為準則，簡化成基本的規則和原則，如「有禮貌」、「尊重他人」。

- **意識形態**：將複雜的社會現象和關係簡化成一套理論和觀念，例如資本主義、社會主義等政治理論。

- **刻板印象**：基於種族、性別、國籍等特徵，經過簡化或一般化的觀念。雖然這可能會導致偏見和歧視，但它也是我

們理解和處理大量社會訊息的一種方式。

- **藝術**：藝術家經由繪畫、雕塑、音樂或寫作等形式，將感受和觀念壓縮成具象或抽象的作品。
- **閱讀書籍的摘要**：閱讀全書，可能要花費數小時甚至數天，而閱讀濃縮後的摘要，通常只需幾分鐘，這幫助我們快速理解主要觀點，而無須深入全書的每個細節。
- **觀看 YouTuber 介紹美食**：透過他們對美食的視覺和口味描述，可以快速瞭解到某種食物的特性和風味，而無須親自嘗試。
- **坐飛機**：這是壓縮對空間的認知的典型例子。短短幾小時或十幾個小時航程，便能途經千里、跨越洲際大陸。
- **藥物的使用**：當我們感到疼痛時，通常會服用止痛藥以快速緩解，這也壓縮我們對疼痛的認知。
- **各種懶人包**：常見於學習新的知識或技能時，將脈絡或重點擇要處理後的簡單、快速學習方式。

不論是學習，還是在生活中，認知壓縮都能幫助我們快速且有效地處理大量訊息和事務，這也是現代生活的一種必然結果。然而，我們也需要警覺其可能帶來的問題 —— 這也是本書第二部的主要切入點。在追求效率的同時，也要努力維持深度理解和獨立思考的能力。

為什麼會出現認知壓縮？

感官的限制，形成了第一道的認知壓縮

人類的感官感知能力，在演化過程中，已經被篩選形成了有限的模式。例如，我們的視覺只能感知到電磁頻譜的一小部分，這就是被稱為「可見光」的部分。與此類似，我們的聽覺也只能感知到聲波頻率的一小部分。然而，對於許多發生在我們周圍的信號，人類並沒有發展出相應的感官。例如，手機能接收到各種無線信號，但我們的身體感官卻無法察覺。有些動物能夠感應到地球的磁場，作為移動或遷徙的依據，人類卻是無法對此有所感應的。除此之外，像是電磁場、射頻信號、大氣壓力的微小變化，人類也幾乎毫無所覺。這些都是我們的感知能力的限制。

就算是我們能感知到的訊號，但感官接收的解析度或「顆粒度」也不算高。譬如視覺對細節的解析度，就受到眼睛結構（如視網膜的光感受器分布）的限制；或是聽覺的敏感度也有其限度。這使得我們無法感知到諸多細微的變化，也限制了感知世界的深

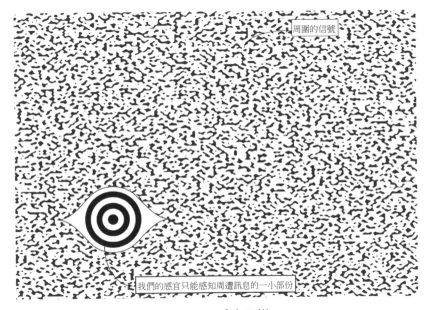

圖 2-1　感官取樣

我們的感官只能感知外部訊號的一小部分。由於演化的關係,人類個體擁有的感官感知能力十分有限,對於發生在周圍的大部分訊號,並沒有發展出可以感知的感官,而那些可以接收到的訊號,接收的解析度或說是顆粒度也不算高。(繪圖元素╱ envato elements)

度和廣度。這種低解析度的少比例取樣結果，是一種演化的妥協。人類的祖先必須在充滿危險和競爭的環境中求生，而感官感知的發展卻需要消耗大量的能量，因此，我們的祖先優先發展出了對於生存、繁殖最為關鍵的部分信號感知能力。與此同時，由於大腦處理能力有限，於是感官解析度也不得不被限制在一個範圍區間內。

　　一些感官器官和功能，因為與生存和繁衍相關性較少而逐漸退化。這是人類進化過程的一個重要現象。例如嗅覺 —— 相比於其他哺乳動物，人類的嗅覺系統已經明顯退化，且不如視覺和聽覺系統那樣，仍對現代人類具有關鍵作用；儘管嗅覺仍能帶來很多生活上的豐富體驗，這也很重要，但在生存與繁衍的層面，並非決定性的存在。隨著人類文明進展，以及生活方式、環境的改變，感官系統會不斷地進化，以更好地適應現代生活。雖然有些器官或感官如今可能已經沒有太多作用、不再重要，但它們的存在，仍提醒我們，作為演化篩選過程的結果，當新的人工智慧帶來影響，在經過後面我們即將討論到的「認知還原」後，或許又有機會回到舞台中央。

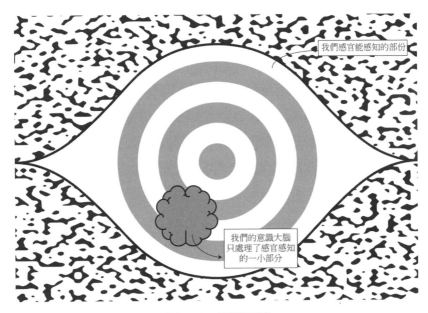

圖 2-2　意識壓縮

我們的意識大腦只選擇性地處理所能感知的外部訊號一小部分。由於演化的關係,人類個體的大腦最在乎的,不是資訊的完整性或正確與否,而是那些關乎生存與繁衍、最占用大腦資源,尤其是關乎生死存亡的負面感官感知訊號。(繪圖元素/ envato elements)

第二道認知壓縮：意識大腦選擇性地處理所接收的訊息

儘管人類的感官系統能接收到的訊息如此有限，但大腦其實還是無法處理所有訊息，必須經過篩選。那麼，哪些訊息比其他訊息更重要呢？

人類大腦會優先處理那些對我們的**生存和繁衍**更為關鍵的訊息，這種選擇性注意機制可以幫助我們集中注意力，更好地適應周圍環境。譬如人類對各種面孔（尤其是人類面孔）敏感度特別高，這是由於在文明發展之初，能辨識各種動物的面孔，具有較高的生存優勢；而在社交環境更加複雜的現代社會中，這個辨識其他人類面孔的能力差異，仍具有影響生存優勢的意義。

我們的大腦和意識，還會受到**文化和社會環境的影響**。不同的文化和社會環境，對感官的重要性有所不同。例如，西方文化注重視覺和聽覺，東方文化則更注重味覺和嗅覺。這種文化和社會環境對感官的重視程度，不免影響我們的感知和認知發展。不過，人類的感官系統具有適應性和可塑性，長期受到某種刺激時，大腦會逐漸適應和調整，以提高對刺激的敏感度和處理能力。例如，專業音樂家和語言學家會經由長期訓練、實踐，提高對音樂或語言的感知與理解能力，另外一些人可能會特地訓練對於顏色感知的敏感能力。

我們的大腦和意識更傾向處理那些**可以被語言表達和記憶**的訊息。語言能力是人類與其他物種最大的區別之一，也是進行思考和溝通的基礎。在日常生活中，尤其在求學與工作的時期，語言表達和記憶的能力較優異的個體，常常被標舉為傑出、優秀的個體，而被周圍的人更鮮明地記得與稱道。例如我們常覺得西方人更善於表達，在職場較吃香；而在歐美社會，許多印度人因為語言表達能力比其他少數族裔更突出，也常被選為科技公司的高階管理人員。

雖然人類的多重感官是豐富多彩的，但我們的大腦和意識只能處理其中一部分。這是由於對於生存與繁衍的權重、注意力的選擇性、文化和社會環境以及語言的限制所造成的。

第三道認知壓縮：語言的侷限

語言的侷限，來自於我們的語言表達能力，與感知能力之間，存在巨大差距。我們必須理解，語言本來就只是一種對**現實世界的符號性表達**，它無法完全描繪或捕捉到所有感知的細節。每種語言都有其獨特的結構、語義和語境限制，這些限制定義了使用該語言表達的範疇。比如，有些語言中有大量描述顏色細微差異

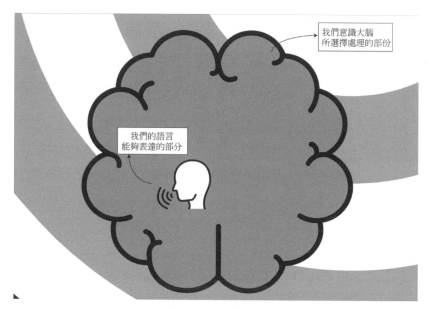

圖 2-3　語言侷限

我們的語言表達，只選擇性地呈現了意識大腦所能處理訊號的一小部分。如上所述，由於演化的關係，人類個體的大腦最在乎的不是資訊的完整性，也不是正確與否，而是關乎生存與繁衍、最占用大腦資源，尤其是關乎生死存亡的負面感官感知訊號。確定了這些訊號之後，大腦仍受制於諸如家庭、社會、文化、宗教等各種因素，以至於用語言呈現出來時，只傳遞了意識大腦處理後的一小部分。（繪圖元素／envato elements）

的詞彙，而其他語言中可能只有一兩個；有些語言將時間看作是線性的，而其他語言則認為時間是非線性的。這種語言結構的多樣性，確實豐富了人類的表達能力，同時也創造了限制。

　　我們的語言表達能力，還受到**大腦處理能力**的限制。大腦需要對大量的感官輸入進行選擇性的處理，將其編碼成可以被語言系統理解、表達的格式。在這個過程中，許多細節和資訊可能會遺漏或失真。這種現象在語言翻譯中尤為明顯，這是因為每種語言都有其獨特的表達方式和文化背景，這使得一種語言的某些意義或情感，在另一種語言中無法完全準確地表達。

　　然而，這種「語言的侷限」不全然是壞事。它迫使我們持續創新用法，以克服限制。比如，除了創造新的詞彙，還可以使用比喻、象徵等手法，嘗試傳遞那些語言難以直接傳遞的感知。另外，這種侷限也使我們意識到，真實世界的經驗和認知，總是超越語言的；我們需要不斷努力，經由學習和創新，來擴大表達能力，並尋找更有效的溝通方式。

　　由上述可知，認知壓縮的作用，可以總結為：

　　節省資源：大腦處理訊息，需要消耗能量，認知壓縮能讓大腦以更少的資源處理更多訊息，有助於提高我們的生活效率。

深化理解：認知壓縮能從眾多的詳情中提取關鍵的模式和規律，幫助我們進一步深化對事物的理解。

便於社會交流：認知壓縮可以快速解讀他人意圖或情緒，並根據這些訊息做出反應，這將幫助我們提升溝通效能和社會適應技巧。

提升決策效率：透過將複雜的情境和訊息抽象化，我們可以更即時、精準地做出決策，適應快節奏的當代環境。

認知壓縮是一種無處不在的訊息處理機制，並在我們的日常生活和工作中發揮著重要的作用。眼尖的讀者可能已經發現，這些認知壓縮的作用，也正是本書在第一部時提到的，AI 想趕上人類所須超越的門檻，可見充分理解認知壓縮對人類本身及 AI 的精進，都有舉足輕重的影響！

AI 如何經由認知壓縮而演進

　　人工智慧的演化與進步，也經過了許多資訊的壓縮；其中最主要的，是人工智慧的訓練數據，包含了許多人類的認知壓縮。

　　當我們探討人工智慧中的大型語言模型（LLM）訓練過程，認知壓縮的概念更是無處不在。它不僅體現在訓練數據本身（承載了各文本原始作者的認知壓縮），還表現在模型設計和訓練過程中（資料科學家為了節省存儲空間和算力的心血）。

　　這裡我們將探討這兩種主要形式的認知壓縮，以及其他的認知壓縮如何在 LLM 的訓練過程中發揮作用。

訓練數據的認知壓縮

　　當我們訓練 AI 時，通常需要將大量資料進行壓縮和提煉的過程，轉化成能被 AI 理解、學習的形式。LLM 的訓練數據，來自大量文字資訊，例如網頁、書籍、報告等。這些資訊已經過原作者的認知壓縮，也就是說，原作者將其知識、經驗和觀點轉化為

文字，進行訊息的縮減和抽取，減少了資料的規模。當這些數據被用於訓練 LLM 時，模型就會繼承這種認知壓縮，並在預測下一個詞或完成一個語句時，運用這種壓縮的知識。不過，這種壓縮的過程，往往會導致丟失一些細節和特徵，這就形成了「資訊壓縮」。

模型設計和訓練的認知壓縮

在模型設計和訓練過程中，認知壓縮會以一種更技術性的方式出現。為了節省存儲空間和算力，研究人員會使用各種壓縮技術，例如權重共享、權重量化、知識蒸餾等，來減少模型的大小和計算需求。這種壓縮過程也可以視為一種認知壓縮，因為需要將模型的知識和能力用更少的資源來表示。

在人工智慧的發展過程中，認知壓縮的現象，並非僅限於資料壓縮和提煉過程；也包含了在訓練資料集合本身中，大量由人類認知壓縮和提煉過程產生的資訊與認知。這些訓練資料集合是由人類挑選、編輯和組織的，過程自然就包含了人類對資訊重要性的判斷和排序，會將某些資訊視為主要的、必須保留的；而其他則被視為次要的、可以省略的。因此，這些訓練資料集合本身，

就是一種認知壓縮的產物。

　　由於 AI 往往只能學習到這些訓練資料集合包含的資訊，而這些資訊已經過人類的過濾和壓縮，因此，AI 的學習結果也會受到人類認知壓縮的影響。基於對這些的資訊處理，AI 必然也繼承了文字中所隱含的偏見、誤解、歧視等人類的「認知壓縮」。這種類似「上樑不正，下樑歪」的現象的改善，將有賴數據科學家在本部認知拓展的地方切入，才能進行根本性的提升。

認知還原

　　認知壓縮雖然是我們在學習過程中極為便利的手段，在現代日常生活中更是不可或缺的工具，但我們也必須知道認知壓縮的問題和不足。

　　由於認知壓縮主要是經由對上一層（也就是輸入層）所傳入訊息的篩選與處理，這個過程必然無法保證資訊的完整性，所以勢必造成輸入資訊的漏失和扭曲，以致所有認知壓縮都必定是會產生損失的壓縮。舉例來說：

- 閱讀書籍的摘要，雖然節省了我們的時間和精力，但可能難以掌握作者的風格，和他／她希望讀者體會的一些細節。
- 搭飛機移動雖然方便快捷，但也可能讓我們失去了欣賞旅途中風光和收穫獨特體驗的機會。
- 使用藥物快速緩解疼痛，有可能使我們延遲尋求瞭解和解決疼痛的根本原因，忽視身體的警告信號。

- 懶人包雖然是快速和簡單的學習方式，但也可能使我們遺漏重要的細節，以及深層次的理解。

基於人類認知壓縮的 AI 訓練，還可能帶來其他問題。例如，AI 可能會學習到一些不正確或有偏見的資訊，因為這些資訊可能在人類的認知壓縮過程中，被誤導或過度簡化。此外，AI 也可能錯過重要的資訊，因為這些資訊在人類認知壓縮過程中被忽視或遺漏。

所以，和「認知壓縮」相呼應的，需要有「認知還原」（Cognitive Decompression）。認知還原，指的是從認知壓縮後被壓縮或簡化的訊息或知識中，恢復或回推到原始的、完整的認知樣態。舉例來說：

- 學會了「聞雞起舞」這句成語後，繼續了解祖逖和東晉的時代環境。
- 讀了「白日依山盡」以及原詩，真的旅行去鸛鵲樓現場觀看夕陽的景色。
- 學會「人生就像一場馬拉松」這句話後，自己當真仔細體會人生的長期奮鬥和持續努力為什麼像是一場馬拉松。

- 看了地圖之後，去圖中某個地點實際旅行。

- 知道畢達哥拉斯定律之後，實際去了解這個定律是如何推演出來的。

- 看到統計資料與圖表後，去查出原始論文及數據，並檢驗這些統計資料與圖表的呈現方式，是否正確呈現，或是有作者的主觀誤導。

- 當覺察某類人事物被貼標籤時，進而思考這個標籤的背後是否有被刻意簡化，或有特定目的。若拿掉這個標籤，會有一樣的或是不同的結論呢？

- 經歷了某些社會習慣與慣例，嘗試比對不同社會中，這些習慣與慣例有哪些不同？並思考各自不同的成因，為何造成如此的結果。

- 人們總有各種不同的意識形態，在意識到他人的意識形態時，很可能是因為跟我們自身的意識形態不相容，所以更容易被感知。試著想像，當擁有跟對方相同的意識形態時，觀點與立場是否還是會不一樣？

- 我們對許多人事物有刻板印象，其實是簡化與忽略了不少細節。不妨思考一下：在進行認知還原，重新意識到更豐富和完整的細節時，對這件事物的主觀意見是否改變？若沒有改變，表示之前的認知壓縮達到了精簡訊息的目的；然而若是改變了，就代表可能被這個刻板印象誤導了。

- 看到一件藝術作品和它的表現形式後，去閱讀藝術家創作的年代背景，從而對這個作品建立更豐富而完整的感受。
- 當我們閱讀書籍的摘要，快速吸收了知識的時候，我們可以思考這個做書籍摘要的人，可能是基於某些特定目的或在某種條件下，做出了這樣的摘要；而這些特定的目的和條件可能不同於我們本身，所以就自行去閱讀了整本書。
- 當我們觀看美食 YouTuber 介紹美食的時候，決定親自去嚐嚐這些美食，不但感受實際的色香味，也體驗美食周邊的地理風光與人情味。
- 當我們坐飛機快速到達目的地後，回程時可以考慮改搭巴士或船舶，更深刻地體驗沿途風光。
- 使用藥物緩解疼痛時，可以試著感受、思考，或研讀資料，了解這些藥物在身體內的作用機制與進程，或比較不同藥物或療法的體驗、影響。
- 當我們看到網路上的各種懶人包時，可能會試圖還原本來的完整內容，並看看這些作者省略了哪些東西？而這些省略的部分，對我們的學習和決策是否產生影響？

　　從上面的例子中，我們可以理解到，認知還原就是讓我們在必要的時候能夠**檢視還原前後的認知是否一致**。當我們能夠充分掌握認知的壓縮與還原後，甚至可以**主動地擴增**更豐富的初始認知。做個簡單的比喻：為了減少脂肪對身體的負擔，我們可以將一杯全脂牛奶壓縮製作成脫脂牛奶；而為了運送與儲存的方便，還可以把它壓縮成奶粉的形態。而當我們要飲用時，會加水讓它還原成初始形態，也可能會在這個時候加入巧克力粉或水果風味的調味料，讓它成為不同風味的牛奶。簡單地說，壓縮幾乎都會是有損的；而還原的時候，倒是常常會主觀地加油添醋。

認知還原為什麼重要

作為重要的認知技巧，認知還原需要以下幾種關鍵能力，並且需要我們在實際操作中不斷提升：

- **覺察認知壓縮與還原**：認知還原需要我們有敏銳的覺察力。這意味著需要時刻注意自己的思考過程和接收訊息的方式，觀察自己是否在做出決策或者理解一個概念時，過於簡化或者壓縮了資訊。

- **分析認知壓縮與還原**：認知還原需要細緻的分析技巧。當我們覺察到自己壓縮了某些資訊後，就需要對這些資訊進行分析，找出被忽略的細節和全貌。這需要有足夠的知識基礎和分析能力。

- **反思認知還原**：認知還原也需要深度的反思能力。我們需要反思自己的認知習慣，思考是否存在認知偏誤，並尋求改正。這樣，才能真正達到認知還原。

　　在這個新興的人工智慧時代，認知還原的重要性變得更為明顯。因為在這個資訊經過高度壓縮和濃縮的年代，只有當我們在認知過程中保持對於認知壓縮和認知還原的清晰理解，才能夠避免陷入被人工智慧剝奪決策權，陷入束手無策的窘境，也才能真正維護人類的自主性。

AI 如何經由認知還原而演進

　　理解到認知還原的存在，對於人們認知邊界的拓展以及其豐富度，有極大的影響。然而，當我們想探討人工智慧如何經由認知還原而演進的議題時，必須認知到：認知還原的結果，可能比認知**壓縮**之前的起始點更少（因為經歷了**有損**壓縮與還原）；或更豐富多元（因為壓縮與還原過程中，考量後**排除**或**增加**了各種偏見、錯覺、制約、常識等等因素），所以人類有意識地參與、介入將極為重要。

　　首先，在之前的認知壓縮階段，人工智慧可以累積、匯總在認知壓縮過程中一切能夠有效化約初始訊息的各種因素的聯集。擴大來說，這個聯集勢必要能包涵了個人、群體與自然等各層面的可化約因素。例如：

- **個人層面**的可化約因素，可能包含了各種偏見與錯覺等等；

- **群體層面**的可化約因素，可能包含了人際互動，及社會、文化的各種常識與制約等等；

- **自然層面**的可化約因素，則可能包含了獨立於人類個體與群體之外的各種常數公式與規則等等。

也就是說，人工智慧在與人類互動足夠長的時間後，人工智慧將能掌握一切人類曾經用以有效化約初始訊息的各種因素的聯集。

接著，人工智慧將可利用這個聯集對任何接收到的（已經由認知壓縮過的）訊息進行認知還原 —— 其結果將會是極為豐富、立體的，卻也是包含絕大多數可能性的另一個聯集。這個經由認知還原後的聯集，雖然極為豐富而完整，卻並不實用，因為它還必須經由進一步的動態檢視，才能成為對人工智慧和人們有用的一種認知。

例如，當我們收到了一個訊號（或許是一個朋友的意見，或一則社群媒體上的文章標題，也可能是一個看似中性的陳述）：「某某候選人的醫學背景，將在當選後，將我們的國家提升到前所未有的高度！」這樣一個經過高度認知壓縮過後的訊息，在有不同認知還原能力或模型的人類個體、人工智慧作用下，將呈現出完全不同的認知還原。以下我們就來簡單地看一下一些可能的結果。

- 一個比較天真或想得不太多的人類個體，可能還原的結果：
  這個候選人曾經是個醫生，而醫生都以救人為職志，所以
  他一定可以拯救這個社會、國家，將我們提升到前所未有
  的高度！

- 一個自視很高的醫療從業人員，可能還原的結果：這個候
  選人曾經考了不止一次才上醫學系，我們這些醫生個個都
  比他優秀、誰當選都比他好，說他能夠將我們提升到前所
  未有的高度，簡直就是天方夜譚！

- 一個 #MeToo 運動的受害者，可能還原的結果：這個候選
  人能夠爬到今天的位置，一定在許多方面都能夠滿足支
  持者許多面向的期待，從某個角度來說，他就是典型的
  Alpha Male，所以極有可能讓許多人受傷過，讓我們找出
  這些受害者，向這個候選人討回公道吧！

　　當然，經過認知還原的聯集，肯定不止上述這些。我們也可
以看到，當人們進行認知還原的時候，往往會根據自身的背景與
累積，還原成自認為更接近所謂事實的初始狀況，且各有特色。
作為一個人類個體的我們，很可能就不加思索地保持上述有瑕疵
的結論，並讓這個結論偏頗地影響這個個體未來的種種決定。而
人工智慧作為一個人類的群體的外顯化認知工具，將可以得到一

個豐富而完整的認知還原聯集，接下來也能動態地分析並檢驗，關於這個候選人一切認知還原可能性的機率分布空間，並得出機率最高的可能性。

　　當然，若是人工智慧僅用人類已經擁有的認知壓縮以及認知還原的聯集，作為學習養料的話，人工智慧的學習也只不過是達到比人類個體更豐富而完整的地步。如果要讓人工智慧能經由認知還原而演進，則需要更廣闊也更深入地掌握人類的認知壓縮與認知還原，甚至能頓悟出人類先前不能察覺或以為不存在的各種認知 —— 這部分以及相關的種種面向，我們將在後面的章節為大家說明。

新 AI 幫助人類駕馭認知的壓縮與還原

AI 幫助我們識別並理解主要認知的壓縮

AI 可以透過大數據分析和模式識別的能力，找出認知壓縮的存在。舉例來說，當我們在處理大量數據時，往往會自然而然地忽略某些資訊，僅專注於自認為重要的部分，這就是一種認知壓縮的表現。AI 可以透過學習和分析這些數據，進而找出我們可能忽略的資訊。

AI 可以協助理解認知壓縮的影響。AI 透過模擬和預測，幫助我們瞭解，如果不進行認知壓縮，會有什麼不同的結果。

AI 還可以協助改善認知壓縮的問題。AI 的機器學習和深度學習技術，可以幫助我們更有效地處理和學習大量的資訊，因而降低認知壓縮的程度。例如，AI 可以幫助我們找出更有效的資訊壓縮和提取策略，確保重要資訊不會被遺漏。

然而我們必須認識到，AI 在此過程中也可能會產生自身的認

知壓縮問題。這可能會影響 AI 的決策能力，並導致一些未預見的結果。因此，我們在利用 AI 來識別和理解認知壓縮時，必須對 AI 自身可能產生的認知壓縮問題保持警惕。

AI 幫助我們理解，並進行豐富而更全面的認知還原

AI 可以透過數據分析和模式識別的能力，幫助我們推演出所有認知還原的機率空間。就以剛剛我們所描述的，一個比較天真或是想的比較不太多的人類個體來說，他基本上比較傾向於同意和接受被動接收的訊息，而 AI 可以將更多其他可能性提供給這個個體參考；也可以收集、整理後續這個候選人的其他表現，讓這個這個個體知道，自己原本的認知還原結果是多麼有限。

AI 可以協助納入或排除人類個體的種種偏見與思考瑕疵。舉例來說，前述提到一個自視很高的醫療從業人員對某候選人的認知還原結果，AI 可能指出並比較其他機率更高的認知還原結果，使這個人類個體得以重新檢視原來的認知還原結果，指出他原來的結論不一定那麼絕對。

AI 還可以協助改善認知還原的可行性問題。許多情況下，其實人類個體很可能並不是因為想節省大腦的思考能量，而只是傾

向於直接接受他人認知壓縮後的結果，或者並非不知道個體的過往經歷，可能影響自我的各種判斷與決定。甚至個體也非常可能知道應該要做完整的，只是較豐富的認知還原，在時間上，或在認知的負擔上，都很難做到，於是就便宜行事地快速、簡單、粗率地遽下結論。然而，當未來有了超級人工智慧後，也許這些認知負擔與燒腦的因素，將被大幅度克服，並將原本的不可行將變為可能。

作為一個人類個體，各種偏見與不足原本就是我們的特色，所謂豐富與完整也只不過是從小我的視角，期待能更加深入地融入人類群體、更好地體驗人生的另一個想像。也許，經過了人工智慧協助後，人類個體很可能更願意保有自我原本的舊認知，也可能產生出前所未有的新認知與選擇。而在檢視過各種可能性之後的更新版認知，或許會更接近我們的真實認知，這樣就不枉我們進行這樣一趟認知拓展之旅。

5 細化認知顆粒度，來深化認知

在談過認知壓縮與認知還原之後，我們來看看「認知顆粒度」（Cognitive Granularity）。因為不論認知壓縮或認知還原，兩者進行的有效程度，都受認知顆粒度的影響很大。

認知顆粒度：認知的解析度問題

認知顆粒度是一種**描述我們感知、思考和表達世界細緻程度的方式**的概念。簡單來說，認知顆粒度就像是我們認知的「解析度」。高的認知顆粒度，意味著能注意到更多的細節，對外界變

化有更敏銳的感知，並能更精確地表達我們的思想和感覺。而低的認知顆粒度，則意味著對細節的注意力較弱，對外界變化的感知較不敏感，並且在表達思想和感覺時，可能較為模糊或粗糙。

　　簡言之，無論是想要敏銳化感官感知和意識大腦的運作，還是提升語言表達能力，都須從提高認知顆粒度著手。至於實現目標的第一步，自然得先真正理解並體認到認知顆粒度的存在，之後，我們才可能學習掌握調節認知顆粒度的技巧，進而提升認知能力。

　　舉個生活化的例子說明，這就像是我們從黑白電視進步到彩色電視，再到 4K 和更高階量子電視的進化過程。隨著螢幕解析度的提高，我們對影像細節的要求和感知能力，也變得愈來愈講究。然而，進行認知顆粒度的提升，絕非一蹴可及，畢竟我們的感官感知、思緒選擇以及語言表達能力，長期受到演化、社會規範、文化、教條和宗教等多種因素影響。但隨著人工智慧的進步，我們或許能夠超越這些原本的限制，與人工智慧共同努力，共同進化，駕馭認知顆粒度，從粗糙到精細，達成推升認知能力的目標。

認知顆粒度精細化的意義及展望

認知顆粒度精細化的意義

認知顆粒度形容人類感知、思考和表達世界的細緻程度。高的認知顆粒度意味著更多的細節、敏銳的感知，以及精確的表達，而低的顆粒度則相反、相對粗糙。認知顆粒度精細化，將使人類的學習與生活在以下方面得到提升：

- **豐富學習體驗：**我們得以有效學習，是因為高解析度的思考能夠分析和整合更多信息，使得學習體驗更加豐富。Barbara Oakley 的 *A Mind for Numbers*（台譯《大腦喜歡這樣學》）就提及，高的認知顆粒度對於精確記憶、理解概念和解決問題大有助益。以語言學習為例，掌握關鍵就在於能否注意到語言的微妙差異和文化內涵。

- **拓展創新維度：**高認知顆粒度能將不同領域的知識和思考整合，譬如 Edward de Bono 的 *Lateral Thinking*（台譯《應用水平思考法》）就講述了如何透過多角度思考達成創新。

Google 的 PageRank 也算法是一個範例，當時的共同創辦人 Larry Page，透過將學術引用的概念應用於網路搜尋，創造了這項革命性的技術。

- **藝術與美學欣賞的深化**：對細節的敏銳感知，是藝術和美學欣賞的關鍵，例如在 *The Art of Seeing* 中，Aldous Huxley 即對此有許多探討。而高密度的認知顆粒度，也加深對藝術深層含義的理解，例如 John Berger 在 *Ways of Seeing*（台譯《觀看的方式》）所探討的視覺藝術的多面向。以古典音樂為例，高認知顆粒度使人能夠感知樂曲中的細微變化和情感深度，如貝多芬的交響曲。

- **選擇權與決策的細緻化**：在決策過程中，高認知顆粒度使我們能夠考慮更多變量和細節，也就能更精確地評估選項和後果。在 *Thinking, Fast and Slow*（台譯《快思慢想》）一書中，Daniel Kahneman 經由分析了決策過程中的認知偏誤，解釋了如何透過深思熟慮和考慮更多因素，來優化決策。以購買房屋為例，注意到地段、未來發展和財務因素等方方面面的條件，將更有機會做出明智的決定。

- **增強社交與情緒商數**：高認知顆粒度有助於識別和解讀他人的情緒、情感和動機，當我們能夠更加細緻地感知和分

析這些人際互動信號時，我們的社交能力和情緒智慧也會提高。Daniel Goleman 的 *Emotional Intelligence*（台譯《EQ：決定一生幸福與成就的永恆力量》）便闡述了情緒商數的重要性。當一個人能夠注意到他人細微的語調、肢體語言和情緒變化，將更有能力建立良好的關係。

在文明發展過程中，人類也持續提升認知顆粒度

認知顆粒度的精細化，豐富了人類對各種問題的認知範疇，從提高學習效率到優化決策，更增強我們的思考能力，以及創新能力、社交智慧和美學鑑賞力。以下還有一些在文明發展進程中，顆粒精細度逐漸提升的實際例子：

- **對天文的觀測 —— 從肉眼，到望遠鏡，再到天文望遠鏡：** 自古以來，人類對星空總是充滿了無限遐想，也持續進行觀測，從極為原始的肉眼目視，一直到當今的哈伯太空望遠鏡、韋伯太空望遠鏡。在這個愈來愈專業的過程中，我們對星空的理解，也隨著認知顆粒度的精細化而提升。

- **對微小事物的觀察 —— 從肉眼到電子顯微鏡：** 在這個演進

過程中，人們對於微小事物例如引起各種疾病的細菌與病毒的理解，隨著認知顆粒度的精細化而提升。

● **從古代的手繪地圖，到現代的 Google Map**：地圖所紀錄的世界，很大程度受到技術與知識的制約，隨著科技進步，譬如 Google Map 的出現，提供了即時、精準的地理資訊，大幅拓展了我們對世界的認知。

● **從算盤、計算機，到量子電腦的飛躍**：就算前進到現在的電腦，人類對於現實世界的各種計算與模擬，仍具有侷限；隨著科技進步，能夠達到指數級躍升的量子電腦也可能隨時降臨，這使我們能更真實地模擬、理解現實世界。

● **從牛頓力學，到量子力學與相對論的拓展**：牛頓力學給我們帶來了對宇宙運行規律的初步認識，但在某些領域，如對微觀世界的認識及宇宙極限狀態的理解，要到量子力學和相對論的提出，我們才有機會稍加深入地理解宇宙的本質。未來，經由探索更高等級的物理學，如弦理論，或許能揭示更多宇宙的奧祕。

● **從個體的主觀意識，到全面理解潛意識與無意識**：人們對於自我心理的認識，多侷限於主觀意識，有些認知複雜或豐富的個體，則可以更多地用個體間的關係或整體視角，

來進行思考、開拓認知。然而，隨著心理學和神經科學的發展，我們開始理解潛意識和無意識的作用。透過深入探究這些領域，我們將能進一步地理解人類行為和決策背後的驅動力，並更深入地拓展個體與群體的認知。

● **從追求物質，到追求精神的覺醒：**當人類的基本需求得到滿足時，注意力便開始轉向精神和心靈的追求。隨著認知科學、哲學和宗教研究的結合，或透過冥想、心理諮詢、靈性治療等途徑，在探索更高層次的精神領域、覺醒和意義的過程中，我們的精神世界將變得更加豐富。

語言厚度和語言薄度

　　由於語言在人類現代社會認知中扮演重要的交流功能，也是此波 LLM 引發各種興奮與擔憂的核心要素，所以我將花更多篇幅討論語言的視角。如同在「認知壓縮」一節談到的，語言的限制，也是形成認知壓縮的重要一環，因此，如何提升語言的顆粒精細度，將會對語言的認知壓縮和認知還原都有深遠影響。在了解語言的顆粒精細度之前，讓我們先了解語言的厚度，以及薄度。

語言的厚度，指的是「語言只選擇性地傳遞部份訊息」

　　人類語言是一個高度複雜的系統，是人類進化的重要成就。然而，在語言中，人類大腦只能處理一部分訊息。這是因為，語言的表達過程中，只有一部分訊息被選擇出來，其他的訊息則被忽略了。我把這種現象稱為**「語言的厚度」**　── 在本書中，我用語言的厚度來說明，語言可以表達的其實很多，但我們只會從其中挑出薄薄的一部分來表達；也就是說，語言其實足夠豐厚表達我們想要傳遞的訊息，然而受到許多其他因素的制約，導致

圖 2-4 語言的厚度

在許多情況下，我們的語言其實足夠豐厚來表達想要表達的，然而卻可能受到許多其他因素制約，真正表達出來的其實比較少，我們把這種「語言本身有厚度，但表達的只是一小部分」的現象，叫作「語言的厚度」。（繪圖元素／envato elements）

真正被表達出來的只有一小部分。

　　舉個例子，像是近期 #MeToo 運動如野火般在全世界蔓延，倘若仔細觀察便可發現，在許多情境中，弱勢一方明明有很多感覺和事實想說明，但在強勢一方面前，卻常常表達不出來。類似情況在職場也很常見，員工在老闆面前，很少能夠暢所欲言。

　　語言的厚度，是人類語言中一個非常重要的現象，關係到人類對語言的理解和溝通。這個現象，其實是在語言的演化過程中造成的，人類優先選擇了那些對生存、社交最重要的訊息，進行溝通和交流，這些訊息包括語音、語法和詞彙等方面，逐漸成為了語言的核心部分。

　　語言的演化過程中被忽略的訊息，可能包括韻律、語調、身體語言和非語言信號等。這些訊息，雖然對人類的溝通和交流也非常重要，但在語言中並沒有被完全表達出來。語言系統本身所包含的多元感覺、豐富的認知與意義，其實能真正被表達出來的，從來都只有一小部分。

　　所以，當人工智慧被訓練的養料是語言時，我們也不難想像或疑惑，有多少感覺、認知，甚至語言本身，都遺失了呢？而這些遺失的部分，是否有辦法藉由認知還原的步驟，被校正回來呢？

語言的薄度，指的是「有太多東西是語言表達不出來的」

除了語言的厚度現象，人類語言中還存在另一種我們把它叫作「語言的薄度」的現象，即人們需要表達的訊息，遠多於語言中可以表達的詞彙和結構。這種現象對人類的溝通和理解造成了挑戰，也促使語言學家和心理學家研究語言中的各種限制和障礙。

一個比較重要的限制，是**語言本身的結構**。語言中的詞彙和結構，不僅影響著我們表達意思的能力，也可能對思考和知識組織方式，形成某些條件或約束。此外，語言中的語法規則，也可能對人們表達和理解訊息，造成限制。例如，有些語言中沒有明確的詞彙或語法來表達抽象概念，如「自由」、「公正」等；在這種情況下，語言使用者需要經由描繪具體的場景或比喻，來表達這些概念，這就可能導致訊息的丟失或歧義。

另一個限制則是**文化背景**和**社會經驗**。這可能影響著人們對某些概念的理解和表達能力。例如，某些文化可能對某些話題或概念採取不同觀點，有的文化更注重群體利益，有些則是個人主義，這會導致不同文化之間的溝通障礙。又例如我們以為簡單的色彩，其實不同文化對於顏色的描述就存在著差異，這種差異源於不同語言對於顏色的概念和分類方式，導致語言使用者對於顏色的感知與表達存在偏差。

圖 2-5　語言的薄度

在許多情況下，語言並不足以表達我們想要表達的豐富程度。這可能來自於演化中被篩濾掉的一些語言能力，我們把這種情況描述為「語言的薄度」。（繪圖元素／envato elements）

　　除了文化背景，**性別**也可能影響語言表達的薄度現象。大家應該都不會反對，男性和女性對於情感的表達大不相同吧。這種差異來自社會角色和性別認同的影響，男女情感表達差很大，說來也就不足為奇了。

　　最後還有**心理因素**的限制，例如記憶能力、注意力、情感和動機等，都可能會影響人們對某些概念的理解和表達。例如，一個人可能因為情感因素，無法清晰地表達某些訊息；或因為注意力不集中，漏掉了某些重要細節。

　　總之，語言的薄度現象普遍存在於人類的語言世界，它表明了人們需要表達的訊息遠多於語言中可以使用的詞彙和結構。語言的結構限制、文化背景和社會經驗以及心理因素，都可能導致語言的薄度現象，造成溝通障礙。當人們在跨文化或跨性別交流時，對於語言表達的薄度現象需要有更深入的理解和認識，才能更有效地溝通和理解彼此。

語言的顆粒（精細）度

前面提到的認知顆粒度，還可以分為許多層次：例如感官感知的顆粒度、大腦訊息處理的顆粒度、語言的顆粒度等等 —— 感官感知的顆粒度，主要是要探討訊息輸入層的精細程度；大腦訊息處理的顆粒度，則是包含了注意力及自我意識等隱藏層的精細程度；而語言的顆粒度，則代表著輸出層的精細程度。

由於感官感知的顆粒度，以及大腦訊息處理的顆粒度的表達，更為隱晦而不容易具體，也因為我們希望探索生成式的人工智慧可以如何協助人類拓展認知邊界，所以，以下的段落將僅用語言的顆粒度來舉例，協助讀者理解相關的概念。

人類語言的能力，是一種特有的輸出層外顯現象，它可以用於描述我們的外部世界、內心世界和概念性想法。當我們試圖描述同一事件或場景時，不同人的語言表達會有所不同，這主要取決於其掌握或使用的語言的顆粒度。

以下，我們將從粗糙到精細，分為五種層次來區別：

1. **基礎描述層次：**僅僅用最簡單的詞彙和句子結構描述場景。例如，看到美麗的風景後，人們可能僅僅指出「這是山和水」。

2. **具體描述層次：**進一步提供具體詳情，但仍保持直接和簡單。例如面對同樣的風景後，人們說：「這是高山和流水。」

3. **感性描述層次：**注入主觀評價，通常用於表達自己的情感。例如在相同的風景前，人們說：「這座山真壯觀，那水真清澈。」

4. **隱喻描述層次：**使用了隱喻、比喻等修辭手法，讓讀者或聽者更深入地感受情境。例如在此風景前，人們說：「那座山就像一位威嚴的國王，而那條河就像其絲滑的長袍。」

5. **詩人和文豪的精細度層次：**這是高層次的描述，不僅包括了情感、隱喻和具體描述，還融入了豐富的修辭技巧和獨特的語言藝術。例如我們耳熟能詳的「兩岸猿聲啼不住，輕舟已過萬重山」。

這五個語言顆粒度的不同層次，從最基礎的描述，到具有深度和寬度的詩意表達，不僅代表語言技能的提升，也是觀察、感知和創造力的進一步加深。如果我們能夠像詩人和文豪那樣用語

言捕捉和傳達情境的精髓，語言的顆粒精細度便提升到了另一個境界。

再舉一個例子，當面對複雜的內心掙扎與選擇，人們會從簡單的描述進化到深度的藝術表達。

以下我們試圖用不同的語言的顆粒度從最基礎漸進到精緻的層次，來呈現人類如何表達內心掙扎的不同層次：

1. **直接表述**：純粹指出事實。例如「我很矛盾、我很掙扎！」
2. **初級具體化**：增加些許具體信息。例子：「我在選擇事業和愛情之間感到矛盾、無法取捨！」
3. **情感初露**：初步展現情感反應。例如「我真的不想放棄事業或家庭。」
4. **情境描述**：具體描述所處的情境。例如「我站在人生的分岔路，不知道應該往哪邊走。」
5. **深化情感**：更深入地探索自身情感。例如「每次想到這個選擇，我心裡都像被撕裂一般。」
6. **使用隱喻**：通過隱喻為描述增添藝術色彩。例如「我像是被困在了一個永無出口的迷宮中。」
7. **哲學反思**：對情境進行哲學性的思考。例如「是追求物質的成功還是心靈的平靜，這是人生的永恆問題。」

8. **詩意浪漫：**用詩意語言來描述情境。例如「在人生的舞台上，我如同一片飄零的葉，不知該隨風飛舞還是安穩落地。」

9. **跨文化對照：**從文化的角度反思問題。例如「在東方的哲學中，家庭是萬物的中心，而西方教我追求個人的自由和成功。」

10. **詩人與文豪的極致表達：**結合藝術、哲學、情感和詩意，達到極致的表達。例如「曾慮多情損梵行，入山又恐別傾城，世間安得雙全法，不負如來不負卿。」

從這些層次中，我們可以看到語言的顆粒度從粗糙到精細的發展，每進一層，都增加了更多細節與複雜性，使得表達更加豐富和有層次。

如何提升語言的顆粒度

當我們希望更精確、更具情感深度地描述某件事物時，就需要提升語言的顆粒精細度。

以下是幾種策略和方法，提供參考：

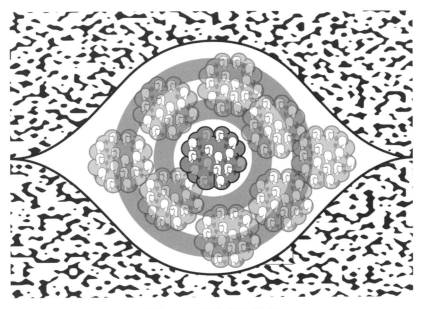

圖 2-6　語言的顆粒度

人類的語言是一種特有的輸出層能力，它可以將人們從外部感知的訊息，經由大腦的選擇性處理後進行向外傳達。語言的顆粒度則是用來描述駕馭語言時的細緻程度。本圖中從個體的視覺捕捉到邊緣的外部信號開始，再經由腦中各種不同思維模型挑選適合表達的語言顆粒度內容來表達。面對同樣的場景，大詩人或大文豪駕馭語言顆粒度的能力遠較一般人細緻，反之，經驗或感觸少的人只能用較粗糙的語言顆粒度來表達。本圖中間大腦中的聲音與對話，代表個體原本所能掌握的語言顆粒度，周邊的大腦的聲音與對話，則用來表達個體經由學習、閱讀、請教與對談，所能認知的更細緻的語言顆粒度。

（繪圖元素／envato elements）

1. **持續且廣泛地閱讀：**閱讀各類型的文學與非文學作品，從短篇小說、詩歌到專業的學術文章，都可以豐富人們的語彙和句法結構知識，更靈活地使用語言。

2. **寫作練習：**透過不斷地寫作，實際應用並鞏固學到的語言、知識，也學會更具策略性地表達思想。

3. **使用隱喻和比喻：**使語言更具意象和深度。試著在描述時使用這些修辭手法，將抽象或複雜的概念，與具體的事物或情境相關聯。

4. **深度反思與對比：**花時間思考、挖掘內心的感受和想法，且不妨對比於各種科學文獻中的發現，或文學作品裡的相關情境、感受描述，學習用更有層次的語言描述內心世界。

5. **學習多種語言：**學習新的語言，可以讓人們從不同角度看待事物，並可嘗試使用不同的語言結構和詞彙，描述相同或相近的概念。

6. **參與討論和辯論：**可以訓練迅速組織和表達思想的能力，更熟練地使用語言。

7. **聆聽多種語境的語言：**盡可能廣泛聆聽，從日常對話、演講、電影到戲劇，能充分體會不同語境和情感色彩的語言特質。

8. **不斷擴充專業的與通用的詞彙：**努力學習和掌握新的詞彙，並嘗試在各種相應場合中使用它們，可以提高更精確地描述事物的能力。

　　提升語言的顆粒精細度，需要時間、努力和策略。透過不斷的練習和比對，人們將能夠更豐富、更精確地使用語言，並使溝通更具說服力和感染力。

新 AI 和語言顆粒精細度的關係

提升 AI 語言的顆粒精細度

LLM 的效能和精細度，已成為人工智慧發展的重點之一，而語言顆粒度的提升，意味著模型必須能夠理解並產生更細緻、多層次，富有深度與廣度的文本。那資料科學家又是如何訓練 AI 以達成此目標？

前文提過，為提供豐富和多樣的語境，模型的訓練需要**龐大的文本數據**，確保 AI 能夠學習和抽取各類型文本中的語言特性和結構。當然，純粹的龐大數據並不足以確保語言顆粒度的提升，因此，提高語言資料的豐富度與多元性，就十分重要。**跨語言和跨領域**的訓練數據，能幫助模型學習不同文化和學科的語言特點，從而增加其顆粒精細度。而透過使用**深度學習**的技術，如 Transformer 架構與 Attention 機制，則可以幫助 AI 捕捉語言中的細微差異和複雜關係，使 AI 能夠更加專注於文本中的關鍵部分，這對於理解上下文和建立語意關聯，至關重要。

　　此外，預先訓練的模型，可以在特定任務上進行**微調**，使模型能夠利用已獲得的知識，專注於特定的語言特徵和結構。而**遷移學習**則可以讓在某些領域中的深度與廣度，適當地運用在其他領域或描述中。

　　AI 在語言顆粒精細度的提升，是一個持續且複雜的過程。透過結合多種技術、策略和工具，我們可以訓練出能理解並生成更具深度和細緻的文本的模型。隨著技術的進步，我們相信，未來的新 AI 將能更好地、更豐富也更精緻地捕捉並反映人類語言的豐富性和多樣性。

人類又可以如何利用新 AI 來精細化自己的語言顆粒度？

　　在筆者撰寫這段文字的時候，人們已經可以用文字來指示生成式人工智慧，如：Midjourney 以及 Stable Diffusion，依據特定藝術家的風格，來生成某些主題的繪畫。這些藝術家其實從未針對該主題繪製過任何作品，而人工智慧卻可以經由過往的學習提取出該藝術家的風格，將之抽象化，然後針對被指定的主題繪製作品。

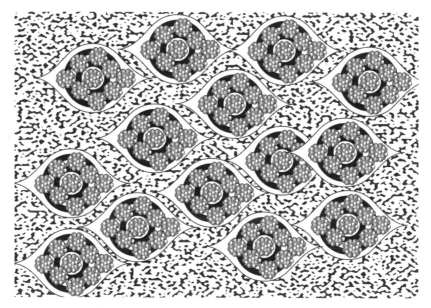

圖 2-7　新 AI 可以協助人們提升語言顆粒度、認知顆粒度

新 AI 可以協助個體精細化語言顆粒度，也可以彙整群體中許多個體語言顆
粒度的聯集，讓我們的語言表達更細緻、更豐富、更立體。（繪圖元素／
envato elements）

同樣的，當新 AI 的訓練數據足夠大、模型足夠多，並且經過持續與人類互動之後，新的 LLM 將可比絕大多數的人類個體掌握更精細的語言顆粒度。也許，以後寫一篇文章、一首詩、一本小說，人們可以隨時打開 LLM 的外掛程式，甚至在 Microsoft Word 之中可能出現「風格」選項，在此指定或排除特定作者、類別，還有下拉式選單可供挑選比喻、隱喻、假借等等不同修辭方式，還可以針對我們的各種感官感知以及喜怒哀樂情緒，選擇適當的語言顆粒度來呈現。

這些經過模組化組裝的罐頭文章，很可能比目前絕大多數的人類個體所能寫出的文章更加精緻、架構完整甚至吸引人。然而，由於每個人都能夠使用這類工具，這樣的語言顆粒度將成為一個基本及格線，人類將以超越這個及格線為標竿（或被評價、審查的參考），而不僅只是滿足於及格線。

那「新人類」將如何超越這個及格線的標竿呢？首先必須要先掌握認知壓縮與認知還原的基本概念，並能理解認知顆粒度及其精細的覺察與認知，進一步地進行認知拓展。在下面的章節，我們將與讀者一步步地討論這些觀念。

6 拓展認知邊界

談過了認知壓縮、認知還原，以及認知顆粒度的意義和作用之後，我們再來談「認知邊界」（Cognitive Boundaries）。

認知的邊界：從已知望向未知

「認知的邊界」這個概念指出的是，人類的認知能力是有限的，並受到各種因素的制約，如感知頻寬、注意力、記憶、思維速度等。如果希望提升認知能力，必須要能夠體認到我們原本認知的各種邊界，將其往外拓展，或在邊界內豐富化。

了解認知的邊界，有助於更好地認識自己的思維過程，提高學習、工作和生活的效率。過往我們得行萬里路或讀萬卷書；而現在，則是能藉由新 AI 的協作而加速、加深、加廣地推進。

已知、已知的未知、潛認知與暗認知

決定認知邊界的，有四個象限：已知的已知、已知的未知、潛認知和暗認知。

- **已知的已知（Known Knowns）：**

  這指的是：我們確定的知識和經驗，是我們應用於日常生活、工作中的知識與技能，也是在學校學到最多的東西，代表了人類認知的基礎。已知的已知，有一些清晰的辨識標誌 —— **具有明確事實依據，經驗豐富，易於理解和應用。**例如：數學公式、語言技能、自行車騎行、鍵盤打字、烹飪技巧……等等。可以簡單地說，這種類型的認知邊界，涵蓋了我們已經知道並十分確定的事情。在這個範疇中，我們的知識與認知相符，這也是學習和獲取新知識的基礎。

  「已知的已知知識」，如上所述是比較容易理解的；然而當我們想要更進一步地探索認知，就需要多一點點的努力。**「已知的已知認知」（Cognitions of known knowns）** 就是那些我們知道自己擁有的認知，例如認知自己是一個好人、認為某一個政黨的理念跟自己相符等等。

圖 2-8　已知的已知認知

在圖中，是用一個背景中的大腦，來表達我們的認知。水面的冰山上，代表了我們知道或認為自己擁有的認知。圖中的太陽，用來表示我們所接受但存在於自身之外的認知。

- **已知的未知（Known Unknowns）：**

  這指的是：我們知道自己不了解的領域或問題。瞭解這個
  觀念的核心重點是：我們了解自己的知識和能力的侷限性，
  並尋求認識這些未知領域的方法。它的明確辨識標誌 ──
  能明確指出所缺乏的知識或技能，有求知欲和學習動力。
  例如：外語學習、醫學研究、市場趨勢預測、新技術開發、
  心理學原理。這種類型的認知邊界，涉及到我們知道我們
  （還）不知道的事情。例如，我們知道我們不懂量子物理，
  這就是已知的未知。在這種情況下，我們了解到自己的知
  識缺口，並可能尋求填補這些缺口。

  上面描述的「已知的未知知識」比較容易理解；但當我們
  把理解轉向**「已知的未知認知」（Cognitions of known
  unknowns）**時，就要比較專注而謹慎。例如，作為一個
  心胸開放的人，我們除了有對自己的認知之外，也相信別
  人會有對於他們自己的認知，然而作為一個個體，我們並
  不知道別人對自己的認知真實情況或細節，從我們的觀點
  來說，就是已知的未知認知的一種。又例如，即使同樣面
  對已知的知識，不同的人可能會把這些知識感知處理成不
  同的認知，我們知道這些不同認知的存在，但我們並沒有
  去探知這些認知的細節與本質，這類的認知就成為了已知
  的未知認知。

已知的未知

圖 2-9　已知的未知認知

在圖中，冰山代表了我們對自己的認知是已知的；作為一個開放心胸的人，我們可以想像他人也都對於自己有不同的認知。但因為不是他人，所以我們不知道他們的認知 —— 這在我們的認知中，就是已知的未知認知。

● **潛認知（Cognition of Unknown Knowns）：**

潛認知（或「未知的已知」）是指我們並不自覺但已掌握的認知。瞭解這個觀念的核心重點是：挖掘潛在的知識所組合而成的認知，以提升自身能力和解決問題的能力。潛認知的一些指標性辨識標誌：**不自覺地應用某些知識或技能，在某些情境下突然表現出來的直覺和認知。**例如：直覺判斷、肢體語言、潛意識記憶、文化習慣、心理素質。

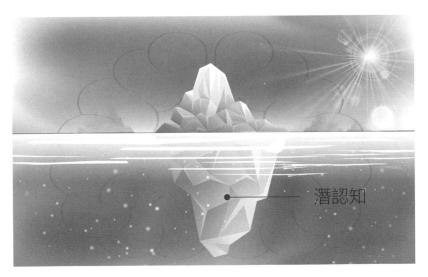

圖 2-10　潛認知

我們擁有一些認知，但可能並不自知。在圖中，水面上的冰山代表了我們已知的已知認知，而用水面下的冰山來代表潛認知，也就是「未知的已知認知」。

- **暗認知（Cognition of Unknown Unknowns）：**
  暗認知是指我們尚未意識到、完全未知的認知，這些很可能是我們從未探索、理解、開始研究的領域，或僅是因為沒有遇到相關的問題。暗認知的辨識標誌：**難以察覺和預測，可能在意想不到的時刻出現新的認知。**可能會在我們還不知道的時候，影響我們的決策和行為。

  總的來說，對於認知的思考，是我們理解和畫分這四種認知邊界的重要工具，而得以更好地理解自己的知識和無知，並且更有效地學習和解決問題。

圖 2-11　暗認知

指那些我們不知道「我們不知道的認知」，所此圖從白天轉變到黑夜，用白天來代表我們所處的意識狀態，黑夜則代表在某些時候我們並不能清楚認知的狀態。白天的太陽代表在我們的認知中，可能會影響我們認知的外部因素；而晚上夜空中的星辰，則是代表「不在我們有意識的認知中」但仍可能影響我們認知的外部因素。

新 AI 推動認知邊界的拓展

　　新的 AI 革命，帶給我們許多正面的影響，其中一個意想不到的領域，就是拓展了我們每一個個體的認知邊界。由於人工智慧的模型都是經由各種大數據的訓練而達到，這些大數據的來源，可能是網路上的各種公開資訊，或來自訓練人工智慧的數據科學家刻意設計好、清楚標註的數據，當然也可能來自開發這些人工智慧的科技巨頭們所做的各種演算法與調整。

　　雖然我們不一定能完整地知道這些訓練數據的來源，以及訓練出來的模型的行為表現，但我們可以清楚地知道，無論哪一個科技巨頭設計出來的人工智慧，某種程度上都可以視為一個人類知識的聯集或平均，且在許多方面都超越了大部分的個人。當然，在某些特定的方面，可能仍比不上該領域頂尖專家的水準。

　　所以，如果我們回想到前面所提到的認知的四個象限，就可以更清楚地理解，對於任何個體來說，所謂的「已知的未知認知」以及「潛認知」觀念，從更大格局的人類集體角度看來，可能都是集體的已知。也就是說，我們人類個體可以期望經由人工智慧的協助，來拓展認知邊界！

圖 2-12　超級人工智慧出現後的人類認知

原本個體的已知認知是唯一清楚的認知部分，他人的認知對個體來說，則是
屬於已知的未知範圍，因為在個體與個體的認知間，存在許多迷霧。不過，
我們可以樂觀地認為，超級人工智慧的出現，將會吹散個體間的認知迷霧，
讓我們能對他人的認知有更進一步的清楚認識。

深度學習強大的數據處理和學習能力，正不斷地擴大我們的知識邊界。其中，透過深度學習，揭示之前在我們認知範圍外的潛認知（那些我們在無意識中已經獲得，但尚未認識到的知識）與暗認知（那些我們尚未認識，甚至不知道需要認識的知識），是一個極其有趣且富潛力的領域。

譬如潛認知，往往藏匿在大量數據和複雜的情境中，難以被人類直接識別或理解。然而透過模型的深度學習，超級人工智慧卻能提取出有價值的模式和規律，轉化為可供我們使用和理解的知識，即「已知」。

深度學習模型能夠處理大量、多維度的數據，並且從中找出人類個體難以察覺的規律和模式。這種能力使其可以挖掘出我們未曾察覺的暗認知。例如，在醫學領域，深度學習模型已能從醫學圖像中提取出微妙且超出過往人類認知的特徵，幫助醫生進行診斷。在未來會有愈來愈高的可能性，我們能將這些暗認知轉化為已知。

深度學習的觸類旁通能力，更使其能將學習到的知識，應用到新的情境。這意味著，即使在我們尚未遇到的問題和情境中，深度學習模型也能使用學習到的知識，幫助我們發現新的潛認知。

圖 2-13　超級人工智慧出現後，人類個體認知邊界的拓展

潛認知的拓展，可能來自於超級人工智慧擁有人類集體平均的知識與認知，所以只要個體能夠保持開放的認知心態，就可能經由超級人工智慧的協助，慢慢拓展個體原本的潛認知。

圖 2-14　超級人工智慧出現後人類個體認知邊界的拓展

暗認知的拓展，可能來自於超級人工智慧擁有之前，沒有預期到的頓悟能力，這些能力，在過去雖然已經在諸如 AlphaGo 等專用型人工智慧、或 GPT 等大型語言模型（LLM）中發現，但隨著超級人工智慧的發展，這種跨領域觸類旁通的能力，將有可能大規模地出現完全意想不到的領域。

　　同樣的，這個強大的觸類旁通能力，也能從有限的訓練數據中，將學習到的一般規律，應用於新的、未見過的數據中，進而預測並處理未知的情況，揭示出新的暗認知。例如，在自然語言處理領域，深度學習模型可以根據語料庫，學習語言的結構和語義，應用到新的語句中，進一步揭示語言的複雜性和豐富性。

　　深度學習模型的自我學習和自我調整能力，也使其在學習過程中不斷地提升對潛認知的識別和理解。透過不斷的反饋、優化，模型能夠進一步提高其對潛認知的挖掘效率和準確度。另一方面，經由與其他人工智慧技術的結合，例如「強化學習」這種探索性的學習方式，可以促使深度學習模型面對未知的挑戰，從中學習到新的知識和策略，將更多「暗認知」變為「已知」，進一步擴展我們的認知邊界。毫無疑問的，深度學習正在帶領我們進入一個新的認知時代。

7 人類的新認知革命

　　人類一直在努力設法推展自己的認知邊界，尤其是藉助科技發展的協助。新 AI 登場之後，雖然有助於人類在「已知的已知」，及「已知的未知」這兩個象限的拓展，但是真正和過去科技不同的關注點，在於和人類拓展「潛認知」和「暗認知」的可能性。

潛認知：其實你知道的遠比你以為的多

　　如前所述，潛認知指的是我們**已知其存在，但往往無法明確認識或理解其內涵的認知**。它們可能存在於人類的直覺、感覺、信仰或潛意識中，雖然無法清晰地被描述，卻在無形中塑造我們

的思想和行為。在此將討論一些常見的潛認知例子。

- **偏見**：對特定事物先入為主、不完全理性的評價或態度，如性別、種族、階級偏見等。我們可能並不認為自己存在這些偏見，但在無意識中，這些偏見可能影響我們的思考和決策。

- **價值觀**：可能來自於家庭、社會、宗教等多種源頭，並深深影響著我們的選擇和行為。例如，我們可能並未意識到自己對正義、誠實、努力等價值的追求，卻早已潛移默化。

- **語言習慣**：我們可能並未意識到，自己偏好使用某些詞語或語句結構，但這些習慣卻可能影響我們的思考、表達和溝通。

- **文化規範與社會期待**：在特定的文化環境中成長，會在無意識中吸收、接受該文化的規範和期待。例如，東方文化中的尊重長輩、西方文化的個人主義等，我們可能並未明確意識到這些規範，以及社會對個人的職業、婚姻、生活方式等的期待，但它們卻可能在無形中塑造我們的行為、態度和決策。

- **信仰和宗教：**我們可能並未意識到這些觀念的影響，但它們卻可能在無形中影響我們的行為、思考或價值觀。

- **感官知覺：**我們可能並未意識到自己對某種顏色、聲音、味道的偏好，但它們卻可能影響我們的選擇和行為。

利用干擾，我們可以系統性地揭示潛認知

想要更深入、更系統化地理解潛認知這個觀念的話，可以用一個簡單但影響深遠的心理測試「Stroop Test」來測試與解釋。這是由美國心理學家 John Ridley Stroop 於 1935 年首次發表，旨在測量受試者的認知能力和選擇性注意力。

其工作原理，是向參與者展示一系列以不同顏色列印的英文單字。然後要求參與者說出英文單字的顏色，忽略單字含義。例如，如果用藍色墨水印「紅色」一詞，就會要求參與者說「藍色」。

Stroop Test 在揭示「潛認知」方面有效，是因為它要求參與者**干擾**或**壓抑**他們的自動反應。一般情況，當我們看到一個英文單字時，大腦會自動處理單字含義；但在這個測試中，卻被要求忽略詞義，專注詞的顏色。這可能很難做到，並容易導致錯誤。

　　人們在 Stroop Test 中犯的錯誤，可以提供對他們「潛認知」的見解。例如，如果有人在用藍色墨水列印「紅色」一詞作答時犯錯（應作答藍色卻答成紅色），這表明他們的潛認知更注意到了紅色。他們可能對此並沒有意識。

　　這個測試最有趣的地方，是可以利用受試者的**反應時間**，來作為衡量潛認知強弱程度的**定量指標**。也就是說，如果受試者對於兩個觀念的反應時間很短，就說明在他的潛認知中，這兩個觀念相關性或結合度非常高，或甚至是相等或等價的。反之，如果受試者對於兩個觀念的反應時間比較長或出現錯誤，就說明在他的潛認知中，這兩個觀念相關性或結合度比較低，或甚至是互相牴觸的。

　　這個測試，對於我們理解潛認知有非常深遠的啟發與幫助！例如我們大多數人總是認為自己的價值觀非常正確，對周遭事物也不會有過多的偏見，所以遭遇到與價值觀相牴觸的事情時，就會直覺一定是別人的問題。然而若是經由適當設計的測試，就可能更客觀地理解到，在我們心目中，早已存在的各種大大小小的偏見。

Stroop Test 的主要設計，包括兩個部分：一是文字顏色一致的情況，如「紅」這個字以紅色印刷；二是文字、顏色不一致的情況，如「紅」這個字以綠色印刷。受試者需要在兩種情況下分別讀出文字顏色（如紅色）或顏色的文字（如「紅」）。研究人員會紀錄受試者在兩種情況下的反應時間。

在文字顏色不一致的情況，受試者的反應時間通常會變慢，這是因為在進行顏色和文字之間的選擇時，須付出更多的認知資源和注意力。這種現象被稱為「Stroop Effects」。Stroop Test 可廣泛應用於衡量認知能力、選擇性注意力、心理壓力以及心理疾病（如注意力缺陷多動障礙、躁鬱症等）等研究。此外也可用於衡量個人在面對矛盾訊息時的處理能力和適應性。

在我們的認知過程中，有些潛在的觀念和信仰，可能對思考和行為產生重要影響，而我們卻未必意識到它們的存在。這些「潛認知」包括種族歧視、對政黨的死忠支持、性別刻板印象等。在新 AI 時代，潛認知將是讓你能拉開與他人距離的極有利切入點；但要如何才能將這些隱性的認知顯性化呢？

心理學家為了揭示這些隱性認知，開發了一系列的心理測試，如隱性連結測試（Implicit Association Test，簡稱 IAT）。IAT 是由哈佛大學的心理學家 Anthony Greenwald 等人於 1998 年提出，主要測量受試者對不同概念（如種族、性別）的連結強度，經由比較受試者完成不同連結任務的反應時間，評估其隱性偏見。例如，在一個測試中，受試者需要將黑人和白人面孔與正面詞語（如善良、聰明）或負面詞語（如懶惰、愚蠢）連結起來。如果受試者在將黑人面孔與負面詞語連結時的反應時間較短，則認為他們可能存在種族歧視的隱性偏見。除了 IAT 之外，心理學家也開發了其他測試方法，如 Go/No-Go 連結任務（GNAT）、Affect Misattribution Procedure（AMP）等，目標均在揭示受試者在無意識狀態下的態度和偏見。

新 AI 如何幫助我們揭露更多潛認知

隨著新 AI 的出現，藉由其極高的智慧和強大分析能力，將有愈來愈多的人類潛認知，即我們已知但卻未完全理解的知識，被揭示出來。在此，我們會討論新 AI 如何透過大量數據分析，將諸如文化規範、偏見、價值觀等潛認知外顯化：

- 揭示**文化規範**：在全球化的今天，我們的行為和思想，不僅受到自身文化的影響，也受到各種文化的交織影響。新 AI 可以分析各種文化中的文字、藝術、音樂、儀式等表達方式，從中識別出文化規範的模式和規則。

- 揭示**偏見**：偏見往往是無意識的，卻可能在無形中影響決策和行為。新 AI 可以經由分析我們的語言、行為、情緒等表現，來識別並揭示我們的偏見。

- 揭示**價值觀**：價值觀也是人類行為和決策的重要指導，但往往難以明確地描述。新 AI 可以經由分析我們的選擇和行為，以及對特定事物的態度和反應，來識別並揭示我們的價值觀。

　　新 AI 還可以揭示我們的其他潛認知，如社會期待、宗教信仰、感官知覺等，如何影響我們的思考和行為。總的來說，新 AI 具有強大的分析和深度學習能力，可以幫助我們揭示、理解潛認知。透過解析未必自覺的行為和反應，新 AI 不僅可以挖掘我們的潛在需求、優勢和限制，也幫助我們更深入地理解自己，並提升個人成長和自我實現；還可以更好地理解、應對所面對的世界，並拓寬視野。

　　然而，即使是最複雜的、最深層的潛認知，最終也會被比新 AI 更進一步的超級 AI（例如第一部提過的 AGI 以及 ASI）揭曉。這是因為超級人工智慧具有以指數級速度學習和成長的潛力，它學習得愈多，也將揭示更多潛認知。

新 AI 與人類發展潛認知的互動可能

　　至今為止的大語言模型（LLM），都是透過部分人類個體發表於網路及其他文獻等資料訓練而成。我們還可以透過以下幾種方法，訓練新 AI 更清晰而完整地納入人類群體的潛認知聯集：

1. **廣泛學習：**新 AI 需要學習大量的文獻資料、人類行為數據和社會互動數據，以獲得足夠的知識背景。在學習過程中，AI 可以不斷提煉和調整其理解模型，逐步提高對「潛認知」的理解深度。

2. **進行模擬互動：**包括模擬對話、模擬決策過程、模擬情緒反應等，讓 AI 在模擬中學習、理解人類的思維模式和行為模式。

3. **參與真實環境：**新 AI 可以在真實環境中與人類進行互動，經由觀察和分析人類的行為和反應，深化對「潛認知」的理解。這可以包括參與實體活動、在線社區互動等。

4. **反饋學習：**新 AI 需要定期收集反饋，並據以調整學習策略和理解模型。這種反饋可以來自人類使用者的評價、AI 的自我評估、專家的評論等。

　　透過以上的訓練策略，新 AI 不僅可以逐步提高對潛認知的理解，也可以在過程中協助人類更好地理解、掌握潛認知。

　　另一方面，人類也可以經由新 AI 突破潛認知的邊界。潛認知是我們對自我認識的一種深層形式，代表了我們內在的知識和理解，但我們可能並未完全覺察到，也無法清晰地表達。經由利用 AI 技術，可以更深入地挖掘這些隱藏的知識和能力，進一步提升認知能力和自我認識。

　　新一波的認知測試，如 AI 驅動的認知測試，利用大數據分析和機器學習算法，可以在短時間內對大量數據進行分析和處理。這些測試可以從各種角度對個體的認知能力進行評估，包括記憶、注意力、決策、情感理解和社會認知等多個方面。

　　經由 AI 的協助，許多在個人層次上的認知測試，將可在更廣泛的範圍內將我們的潛認知轉化為已知。以下列出個人層次的可能測試：

● **語義聯想測試（Semantic Association Test）**：利用 AI 技術，經由詢問受試者對一系列詞語的聯想，揭示潛意識中的知識和關聯。

- **潛意識影像測試（Subliminal Image Test）**：利用 AI 生成的微弱刺激，觀察受試者潛意識中對特定圖像的反應，揭示可能未察覺的知識和記憶。

- **模糊圖像辨識測試（Blurry Image Recognition Test）**：使用 AI 生成的模糊圖像，要求受試者嘗試識別其中的物體或場景，測量對於模糊訊息的處理能力和隱藏的認知。

- **情感解碼測試（Emotion Decoding Test）**：利用 AI 生成的情感表達，要求受試者判斷其中的情感，測量對於情感信號的敏感度和理解能力。

- **記憶重構測試（Memory Reconstruction Test）**：利用 AI 生成的訊息斷片，要求受試者根據斷片還原出完整的記憶，以測量對於過去經歷的存儲和再現能力。

- **創意問題解決測試（Creative Problem-Solving Test）**：利用 AI 生成的創意問題，要求受試者提供創新的解決方案，以測量創造力和靈活性。

- **音樂模式辨識測試（Music Pattern Recognition Test）**：利用 AI 生成的音樂模式，要求受試者識別和記憶其中的節奏、旋律或和聲，以測量對於音樂結構的敏感度和記憶能力。

- **空間感測試（Spatial Navigation Test）**：利用 AI 生成的虛擬環境，要求受試者在其中導航和記憶特定位置，以測量空間感知能力和導航能力。

● **時間感知測試（Time Perception Test）**：利用 AI 生成
的時間刺激，要求受試者估計時間的長短或按照順序排
列事件，以測量對時間的感知和處理能力。

　　這些測試的優點是，它們可以根據個體的表現，進行個人化
調整，提供更精準的評估結果。此外，這些測試還可以利用機器
學習算法，預測個體的未來表現，以便在更早的階段發現潛在的
問題。

　　然而，AI 驅動的這些測試依賴於大量的數據，但數據的收集
和處理，可能涉及到隱私和道德問題。還有，這些測試仍有可能
受到算法偏見的影響，導致不公平的評估結果。所以，這些測試
的準確性和有效性，還須進一步研究和驗證。

新 AI 可以協助人類體認哪些權益被無聲無息地拿走

我們每天專注於學業或工作，其實常常忽略或忘記自己的權益，或未必能充分自覺。所以我們在這裡討論的潛認知，將著重於一大類原本屬於個體權益，卻在一個更大更美好的組織歸屬感驅使下，被剝奪的狀況。屬於我們個體的權益，但被無聲無息剝奪的狀況，其實很多。而人工智慧是一個非常好的工具，可以讓我們先體認，並思考這些個體的權益有哪些。

我們在這裡僅用一個大家比較耳熟能詳的「斯德哥爾摩症候群」（Stockholm Syndrome）來做演示。斯德哥爾摩症候群是一種心理學現象，當人質在遭受長時間人身威脅後，可能對綁架者產生同情甚至情感的連結。這裡我們將從斯德哥爾摩症候群的角度為啟發，探討在成長過程中，個體可能發展出的一種潛認知：忽視自我權益，並有意識或無意識地將權益交給他人，甚至滿足或臣服於利益獲取者。

我們須先了解個體「有意識」放棄權力的情形。這種情況，通常出現在個體明白自己的權益，但選擇主動讓權，為的是尋求安全、避免衝突或迎合他人期望。例如，一個上班族意識到被過

度要求工作但仍接受，為的是保住工作；或者，一個學生為了取悅朋友，壓抑自己真實的想法和感受。這些都是有意識地將權益、自我認同、自尊以及自主權交給他人的例子。由於這些是屬於自主的選擇，所以算是已知的範圍，而不屬於潛認知。

相對地，個體「無意識」放棄權力的情況，則往往與個體的心理模式和信念有關。這些模式和信念，多半是從早期生活經驗裡學習來的，如在不健康的原生家庭環境中長大的兒童，可能會學到把自己的需要和感受壓抑下來，才能獲得愛和接納，並在無意識中將這種模式帶入成年後的人際關係中，忽視自身權益，並將權益無意識地交給他人。這些權益，可能包括話語權、表達情緒的權利、做決定的權力等。

然而，超級人工智慧可以用全人類的共同經驗作為基礎，協助個體一步一步地揭露這些原本個體應該知道，卻在無意識中流失的自我權益；也在這個過程中，拓展了我們的潛認知。其實，無論是有意識或無意識地將權益交給他人，其背後都與求生本能，或逃避痛苦、追求愉悅的心理機制有關。當個體認為把權益交給他人能帶來安全感或滿足感時，可能就會選擇這樣做。

然而，這種模式長期下去，可能導致自我價值感的降低、自尊心的破裂以及情緒問題的產生。理解個體在成長過程中如何將

權益交給他人，需要深入研究其心理狀態和生活環境。透過斯德哥爾摩症候群的啟發（後文將繼續以此為例）及 AI 的協助，我們可以更好地理解這種現象，並開始尋找有效的策略，幫助個體確認自身權益，提升自我保護的能力。

暗認知：未知的未知

暗認知（cognitions of unknown unknowns）的概念指的是**不知道自己未認知的認知**，也就是我們**尚未察覺或認識到的認知**。暗認知的特性，在於它的神祕性和不可預測性，這就是為什麼它通常被歸為「未知的未知」的範圍。也因為如此，想要具體地討論暗認知將是十分困難。這種困難就好比一隻螞蟻如何能從所獲得的一顆芝麻粒，想像人類糧食的運輸體系、芝麻的基因體的知識與認知體系，於是在此為了說明與理解的方便，我們把「暗認知」分為幾種 —— 最有機會被理解，有可能被理解，需要有很強的認知累積才能理解 —— 依序一步步揭開「暗認知」的可能面向。

- **比較可能先被揭露或理解的「暗認知」：**

  對於人類個體而言，最簡單的暗認知之一，是我們的盲點，也就是我們認知領域中的未知地帶。這些盲點可能源於個人的生活經驗、教育背景、文化習俗等的侷限。例如，我們可能因為生活經驗中對某一文化或社群的生活方式一無所知，或無從知悉某種科學理論或技術的存在。

  又例如許多男性個體不能理解女性個體如何思考，卻以己

度人，總把自己的認知套在女性個體上，導致常常碰了一鼻子灰，還完全不知道為什麼。或是我們常常在新聞中看到，國際上不同陣營的國家的人民總覺得自己的制度是最合理的、別人的制度都極為誇張而且十分無法令人接受。

- **需要極為刻意，超越個體或整體與系統比較，有機會感知的「暗認知」：**

  若是我們把標準放鬆一點，中等嚴謹的暗認知，可能包含了那些超乎我們個人層次所能直接理解，主要存在於集體認知背後的原理或基礎 —— 但其中卻可能包含許多值得我們學習與體認的。

  在後面一節，我們會以一個非常普遍、卻常常被忽略或無法被感知的運作模式，那就是現代人類社會幾乎無所不在的「想像的共同體」，作為討論基礎，來稍微探索有哪些我們可能有機會理解的中等嚴謹的暗認知。

- **最宏觀但嚴格標準的「暗認知」：**

  由於暗認知是一種超越現有認知範疇的認知形式，它最可能源於人類尚未觸及或理解的現象、概念或問題。例如，某種尚未被發現的自然現象、人類的未來可能性、非物質生命型態的存在，以及超出我們理解的未知領域，都可能屬於這種暗認知。

簡單地說，就是那些我們無法以感官感知，無法以意識察覺，也無法以言語描述的認知。如果根據這個比較嚴謹的約束條件，嚴格標準的暗認知，目前也只能由人類以外的機器或 AI 來揭示。

在過去，我們可以經由教育、閱讀、旅行、與其他人交流，或其他學習方式，來擴大認知範疇和視野。在現在，我們可以探索如何利用 AI，來協助思考和反思，深化對已知認知的理解，並嘗試突破思考框架和限制，進入暗認知的領域。

我們必須訓練人工智慧分析超越個體的大數據，並將更難以捕捉的行為模式，例如個體與個體之間、個體與組織之間、組織與組織之間，以及各種社會與文化等等有關的潛認知，一步一步地呈現讓我們知道。要理解未來哪些方向的大數據更重要，我們在此先引入「想像的共同體」這個概念。

以察覺並認知「想像的共同體」為例

「想像的共同體」（Imagined Community）這個概念，最早由英國政治科學家班納迪克・安德森（Benedict Anderson）在

1983 年的著作《想像的共同體》中提出，用來形容一種社會連結方式：即使個體們在日常生活中無法面對面交流，仍能形成一種深刻的連結，彼此視為集體的一份子。在此，我們將探討個體如何置身於眾多人為創造的系統中，如親密關係、家庭、公司、國家、宗教、信仰、金融系統、語言等。

親密關係與家庭，是最直接影響個體的社會系統。無論是意識到或無意識地，我們都在其中尋求安全感和認同感，然而它們也可能成為放棄自我權益的所在，尤其在不平等或濫用權力的情況下。

公司和國家等更大的**社會組織**，透過制度和法律，制定了我們生活、工作的規則。我們可能會在這些組織中尋求經濟安全和社會地位，但也可能導致忽視自己的需求和價值觀，甚至無意識地接受這些組織的價值觀和信念。

宗教、信仰和語言，則是構成我們文化認同和思維方式的基礎。透過共享的故事和符號，我們建立起與他人的連結，形成「想像的共同體」。然而，這些人為創造的系統也可能影響我們的行為和選擇，使人在不自覺的情況遵循某些規則和要求。

金融系統則是我們經濟活動的基礎，不僅影響生活方式，也深深影響我們對價值和成功的認識。在這個系統中，我們可能會

無意識地受到系統性風險的傷害，例如也許你沒有做錯什麼金融相關的安排，但在金融危機中，你的資產卻可能腰斬。

我們都不可逃避地屬於「想像的共同體」的一部分，無論是意識到還是無意識地，我們都在這些人為創造的系統中生活和行動。然而這些超越個體的關聯千絲萬縷，透過 AI 協助理解這些系統的運作，我們將得以更好地認識自己，並找到保護自我權益和追求社會連結之間的平衡。

人類如何經由 AI 突破暗認知的邊界，並獲得協助

　　想想看，在過往我們作為一個人，個人認知的範圍極為狹隘，還好因為在全體人類中總有那些認知比較敏感的個人，比其他人更早、更細微、更廣泛地察覺一些暗認知，並經由出版書籍、論文、藝術或多媒體作品揭露出來，讓其他人得以接收與理解。

　　當我們用「想像的共同體」來探討暗認知，其實正在討論一種深深根植於人類認知結構中的現象。而想像的共同體也不過是暗認知的冰山的一角。當然，我們可以一個點一個點地學習，不過更希望能夠系統地學習和理解這些無所不在的暗認知，才可以在察覺一個觀念的時候，跳脫個體、跳脫逐點前進的按部就班認知方式，形成一條線、甚至是更全面、立體的認知。學習瞭解這種想像的共同體，需要深入分析人類的社會、文化、心理和語言等諸多複雜因素。

　　在這方面，超級 AI 可能提供極大幫助。簡單地說，人們的思考框架可以輕易超越個人的範圍，更深層、也更廣闊地探索原本不在我們認知範圍內的暗認知。例如，經由快速且準確地分析人類社會的複雜網路，便可輕易揭示一個共同體中的主要價值觀、

信仰、文化模式，以及這些元素如何影響共同體成員的行為和認知。AI 的語義分析技術，可以幫助我們理解共同體成員之間的溝通方式。語言是形成和傳達共同體想像的重要工具，透過分析語言，可以瞭解共同體成員如何想像並認同自身的共同體。AI 的模擬和預測能力，也可以協助瞭解共同體的發展動態。例如，可以利用 AI 模擬不同的社會、文化或政治變化，如何影響共同體的想像，並以此作為制定政策或瞭解社會變遷的參考。

新 AI 如何協助人類拓展自己的暗認知

　　相信到這裡，大家已經能夠感受到，其實我們的認知侷限性很大，尤其在過往，常常只依靠一個微小的個體認知，就想過好這一生。知識比較豐富的個體，可以經由在學校中求取學位、經由各種知識平台中其他人的案例與知識，來提升自我認知。然而，這些都如前面所述，仍是一個點一個點的學習與認知，這樣的認知方式，在新 AI 出現的當下，必然引發顛覆性的改變。

　　我們在之前的潛認知討論，引入斯德哥爾摩症候群的觀念，接下來，我們將繼續探討在「想像的共同體」各層面中，個體如何受到斯德哥爾摩症候群的影響，再看看如何運用新 AI 改善這些情況。受到的影響，可能如下：

- **親密關係和家庭**的斯德哥爾摩症候群：個體可能會面臨情感操控或身體虐待。這可能導致對加害者產生情感依賴，甚至為了維護這種扭曲的關係，忽視自己的需求和權益。

- **公司到國家層級**的斯德哥爾摩症候群：在更大的社會組織中，受害個體可能會無條件地信任並效忠於機構。即使這

些機構可能濫用權力，對個體的權益造成威脅。

- **文化或歸屬性組織**的斯德哥爾摩症候群：在宗教或信仰體系中，可能表現為過度依賴教條或領袖，忽視個體內心需求和情感。比如無條件地接受教條，並以此規範自己的行為和信仰。

- **社會或人造系統層級**的斯德哥爾摩症候群：在金融系統中，可能表現為對金融機構或市場的過度信任，甚至在面臨損失或遭欺詐的情況下，仍堅持相信其公正性和有效性。

以下我們將簡單地說明，新 AI 可以如何發揮關鍵作用：

- 可以**幫助個體覺察**。透過機器學習進行數據分析，新 AI 可以學習並識別受害者的特徵行為模式，如過度護航加害者、忽視自身權益等，就可能進而幫助個體或其關懷者意識到問題癥結，或提供相應支援。

- 可以協助個體**開發對抗策略**。例如，新 AI 可透過自然語言處理（NLP）技術，分析個體的語言模式，找出可能表現出對加害者過度同情的言語暗示。透過這些資訊，新 AI 可以提供個體改變語言和思維模式的建議，而得以做出對抗。

● 新 AI 可以利用虛擬實境（VR）或擴增實境（AR）技術，
　為個體**提供安全的模擬環境**，讓他們在其中學習、練習對
　抗斯德哥爾摩症候群的技巧，增加體驗，以便在真實生活
　中更有效地實踐。

　　簡單地說，新 AI 提供了一種強大的工具，可以協助「想像的
共同體」的成員。透過數據分析、自然語言處理和體驗式學習，
幫助我們理解和對抗這種深深影響我們生活的現象。

如何讓新 AI 發展出更好的暗認知

　　新 AI 在各領域的應用已經日益普及。然而，當我們談及新 AI 在「想像的共同體」領域中的應用時，面對的其實是一種更為深遠和複雜的挑戰：**如何讓新 AI 理解並適應社會結構和人類關係的複雜性**，並協助我們在這些共同體中，覺察和處理「暗認知」——從前無法理解、想像的事物與認知——的問題。在此將簡單地探討，如何協助新 AI 在這個領域中發展更豐富的能力。

　　為了使新 AI 能夠在「想像的共同體」領域中運作，我們需要給予其更多、更深入的社會結構和人類關係的數據。不僅僅是個體層面的數據，也包括組織、社區、國家等更大規模社會組織的數據。透過分析這些數據，新 AI 可以學習到人類在各種社會情境中的行為模式和決策規則，並應用於感知與發掘「暗認知」。

　　我們需要訓練新 AI 以**「思維鏈」**的思考方式來處理資訊。這種思考方式強調**知識和資訊之間的相互關聯和影響**，以形成一個完整的知識鏈條。例如，如果新 AI 正在分析關於氣候變遷的數據，它可能需要將這些數據與其他相關主題（如能源政策、經濟發展、社區健康等）相關連，才能完整理解並發現暗認知。而新 AI 的自

我調整能力，將使它在分析大量數據過程中，增強其對暗認知的識別能力，逐漸補足缺漏或需要連結的資訊，而得以更加發揮思維鏈的效能。

利用新 AI 的強大計算能力，我們可以訓練並建立更複雜的模型，以理解和處理「想像的共同體」的複雜性。例如可以使用深度學習等技術，讓新 AI 學習並模擬人類在社會互動中的複雜行為，並進而理解、預測這些行為背後的規律和趨勢。

我們還可以利用更先進的自然語言處理（NLP）技術，讓新 AI 理解和分析語言中的隱含意義和潛在連結。例如，新 AI 可以經由分析社群媒體上的公眾話語，發現對氣候變遷議題的一些潛在態度和信仰，這些可能是公眾對此議題理解的重要暗認知。

我們需要使新 AI 具有更強大的推理和解釋能力。這意味著需要發展更先進的 AI 技術，如符號推理、因果推理等，讓新 AI 在發展出更好的「暗認知」之餘，也能提供問題原因和解決方案。

最後，我們需要讓新 AI 能夠處理不同的「想像的共同體」。這需要新 AI 能理解這些共同體的文化、價值觀和信仰，並識別這些元素如何影響個體的思考、決策與行為。這些探索暗認知的努力方向，都是人類與新 AI 共同攜手、一起進步、進化的契機。

暗認知的發現會引領人類下一波量子飛躍

新 AI 在找到重要的暗認知後，有可能會推演出未來更多暗認知的發現，並一步步地引領人類探索更多的未知領域。

- AI 在暗認知的推進，將大大地**拓展人類的認知邊界**：在傳統的知識模型中，人類認知的邊界受到了我們經驗和知識的限制。隨著人工智慧的發展，它可以幫助我們發現這些暗認知，進而極大地拓展我們的認知邊界。

  首先，**從點狀到網狀的認知**，傳統上，人類的認知很像一個個孤立的點，當我們使用 AI 來探索暗認知時，這些點開始相互連接，形成了一個網狀的結構。這意味著，我們不再僅僅依賴於孤立的認知和經驗，而是可以看到這些認知之間的關聯和相互作用，這使得我們的認知更深也更廣。

  接下來，**多維度的認知**，隨著我們逐步發現更多的暗認知，我們的認知模型不再僅僅是一維或低維度的，而是變得多維度。這意味著，我們可以從不同的角度和層次來看待問題，並且能夠綜合利用這些多維度的認知，更好地面對各

種挑戰。這將對我們的學習、創新和解決問題的能力產生深遠的影響，並將人類帶入一個全新的認知時代。

- AI 協助人類在暗認知的推進，**掌握複雜世界的鑰匙**：當前 AI 降臨的世界正在變得日益複雜，隨著 AI 與高科技、經濟、文化和社會交織的加劇，人們面對的複雜世界挑戰也越來越多。AI 可以幫助我們揭示和理解這些多維度的暗認知，進而更好地掌握這個複雜世界的特徵和規則。

  暗認知的深度解析，暗認知包含那些我們尚未意識到或尚未發現的認知和規律，在許多情境中，也可能是決策和解決問題的關鍵。通過 AI，我們能夠深入挖掘大量的數據，進而發現隱藏在數據背後的模式和規律。

  掌握複雜世界的特徵，藉助 AI 的能力，人類將更好地了解世界的複雜性，包括其內部的相互作用、因果關係和潛在的動態變化。這意味著，我們將能夠更精準地預測未來的走向，制定更有針對性的策略，以應對各種挑戰，人類社會也將經歷一次全面的發展和提升。

- AI 揭示暗認知後將能**協助鑄造堅固的民主堡壘**：在當今真偽資訊爆炸，導致認知的扭曲和陷阱越來越多。我們有望通過 AI 來識別和理解這些暗認知，進而更細微地分辨訊

息的真偽，以堅守民主的價值。

提高暗認知覺察力與鑑別力，AI 可以深入到大量資訊的細節，迅速識別出其中的模式和規律。AI 有能力揭示那些隱藏在表面之下的真相與暗認知，進而幫助我們更準確地分辨訊息真偽。

跳脫認知陷阱，一旦能識別出暗認知，我們就可以避免很多認知上的錯誤和盲點。這將幫助我們做出更為理性的決策，且能夠防止被假訊息或有意的誤導所影響，讓我們跳脫認知陷阱，並成為人們避免非自願讓渡權益的關鍵工具。

鞏固的民主堡壘，民主是建立在公民知情權、表達權和選擇權的基礎上。通過善用 AI，我們可以更好地維護這些權利，確保每個公民都能夠基於真實和完整的資訊做出決策。這將強化民主的基石，並確保它在各種外部和內部的挑戰面前都能保持堅固。

- AI 推動人類**全面共享知識與認知**的無窮可能：在複雜世界中，AI 會讓人類社會的知識架構將會發生質的變革，使科技與人文獲得前所未有的發展動力，突破框架的侷限，進而促成全球的知識共享和智慧演進。

知識與認知的全面開放與共享，隨著暗認知被廣泛揭露，人類的認知體系將變得更加完整與廣泛。當知識不再是特定群體的專利，我們將看到一個知識無國界、共享無界限的時代的來臨。這不僅提高了知識的可取得性，還將助力於各類科技和人文學科的交叉融合和協同發展。

科技與人文的均衡發展，當知識開放共享，科技與人文將會得到平衡的推動力，各學科都能從暗認知的啟示中找到新的視角和思考方法，推動原本人為框架的限制得到突破。

超越框架以達到前所未有的進步，當暗認知不再成為認知體系中的盲點，人類將會看到一個連續、動態和互聯的知識宇宙。這將為我們提供一個全新的平台，促使各學科之間的交流與合作，進而達到前所未有的知識進步和創新。

當 AI 讓暗認知被更豐富地識別和利用，我們將迎向一個認知的黃金時代，科技與人文將交織發展、和諧共生、不再有藩籬，人類也將迎向新的量子飛躍。

8 人機協作：全面提升的新人類

新 AI 對人類大腦的可能影響

新 AI 時代的來臨，對人類大腦的影響將是深遠的。隨著科技的發展和 AI 技術的進步，大腦的功能和結構，可能會在以下方面經歷重大影響與變革：

- **學習方式與能力**：將可能得到革命性的全面提升。隨著 AI 技術在教育領域的廣泛應用，個人化學習和智慧輔導，將成為主流。這將有助於提高人類的學習效率，使大腦在更短的時間內掌握更多知識。

- **思維方式**：AI 系統能以前所未有的方式處理和組織數據，這可能會使人們更注重邏輯和數據分析，也會導其思維更加科學和系統化；另方面，人們也可能更加依賴數據和邏輯思維，反而減少創造性思維的機會。

- **語言和表達能力**：人們可以使用新 AI 工具進行文本生成、翻譯和對話等任務，這些新技術可能改變人們的語言使用習慣，對大腦產生影響。特別是，長時間使用新 AI 工具時，大腦可能會調整神經網路，因而改變語言處理和表達方式。

- **記憶和學習**：新 AI 系統能從海量數據中學習和提取知識，人們將可能更依賴新 AI 系統獲取訊息，而不是經由自己的學習和思考來累積新知識。對於外部系統過於依賴，將可能導致人們的記憶和學習能力下降。

- **訊息處理方式**：在大數據和 AI 分析的支持下，人類將能更快速、有效處理各種訊息。這將促進大腦在訊息處理方面的演變，提高在面對日益複雜的問題時的解決能力。

- **創新能力**：將得到大幅提升。人類將能夠更輕易結合不同領域的知識，因此激發出更多創新思維。這將有助於推動文明的發展，並在科技、藝術等各領域取得突破。

- **社交和情感能力**：當 AI 統能夠模擬人類的情感和行為，人們將可能更頻繁地與新 AI 系統互動，而不是與他人互動，這將導致社交和情感能力下降。

- **注意力和專注力**：人們使用新 AI 工具來完成文本生成等任務時，需要長時間專注於螢幕和鍵盤。這將可能改變注意力、專注力的控制和調節方式，大腦也不得不調整神經網路，因而影響大腦的神經可塑性。

總之，新 AI 時代將對人類大腦產生深遠的影響。而上述幾個面向中，最後一點尤其值得我們特別注意。

新 AI 對專注力的影響，可能和社群媒體不同

　　現代人的生活已經與網際網路和社群媒體密不可分。然而，數位內容的過度刺激，可能會對人們的注意力和專注力造成負面影響。反之，當與新 AI 互動時，卻可能更加專注並集中注意力，這種極端差異的背後原因，非常值得我們探討。

　　注意力和專注力是大腦的高級功能之一，與前額葉皮層的活動密切相關。網際網路、社群媒體的內容過於豐富和分散，使得大腦在處理這些內容時需要不斷地切換和調整，也因此消耗了前額葉皮層的能量和資源。與此相反，當與新 AI 互動時，需要更加專注地想像如何提出問題，由於大腦將專注力集中於一個特定任務，減少了切換和調整的需求，便能提升注意力和專注力。

　　注意力和專注力的表現，還受到神經可塑性的影響。神經可塑性是指大腦對於外部環境和刺激，產生結構和功能上的改變的能力。當我們使用網際網路和社群媒體時，大量訊息和內容，可能導致刺激過多，改變大腦的神經結構和功能，影響注意力和專注力。相反的，與新 AI 互動時，由於需要想像更具體的問題，因此促進了神經可塑性和學習能力，增加注意力和專注力的效能。

因此，經由適當地控制和管理數位內容使用，將可以更好地提高注意力和專注力的表現。這將幫助我們擁抱並適應新人類時代的大腦與認知變革，並充分利用超級 AI 帶來的各種可能性。

再舉個例子。許多人都說使用新 AI 時，常常容易進入渾然忘我而無法自拔的「心流」狀態，而且可以持續非常久，所以我想與讀者一起來思考，在那當下，大腦及心理發生了哪些變化？

當人們處於心流狀態時，會高度專注於特定的任務或活動，這有助於減少精神熵（簡言之即精神能量退化）感。經由將注意力和精力引導到一個具有挑戰性但可實現的目標上，個人可以進入一種「最佳體驗」狀態，因此獲得更高的幸福感和滿足感。

例如，想像一位音樂家正在練習一首困難的樂曲，當他完全投入到任務裡，可能會體驗到一種心靈流動感，和一種毫不費力的控制感，也忘記時間，並在最終充分掌握作品時，獲得深深的滿足感。另一方面，如果音樂家在練習過程中分心或無法集中注意力，可能會感到沮喪或氣餒，並且難以取得進展。這可能導致一種精神熵升高的感覺，因為他們感到不專注和不滿足。

這裡所謂的精神熵，與注意力和焦點的概念密切相關。經由將注意力引導到有意義的活動上，形成挑戰，並帶來目標感和成就感，將可以減少我們頭腦中的混亂和無序，進入心流狀態。

把新 AI 競爭焦點從個體轉向人機協作

　　隨著新 AI 的發展，個體之間的競爭，不再僅僅是基於個人的知識、技能和能力，還包括了如何利用人工智慧來增強能力。在未來，超級人工智慧的出現，將可能加劇這種趨勢，讓競爭的焦點從個體移向人機協作。

　　在新 AI 出現之前，個體必須依賴自身的努力獲得競爭優勢。這可能涉及獲取更高的學歷、專業知識，或提高工作效率 —— 然而，這種模式已經開始改變。隨著 AI 的進步，個體可以利用這些技術來自動化重複性工作，解放時間和精力，去進行更有創造力和高價值的工作。

從個體間競爭到協同體間競爭

　　在人工智慧的曙光照耀之前，競爭主要存在於個體之間。在這種情境下，專家 —— 即那些擁有更深層、廣泛或更早期知識的人，通常有更出色的表現。淵博的專業知識與深厚經驗，據此解

決問題的能力，使他們在競爭者中獨樹一格。

在這種情況下，知識成為一種強大的工具，這種力量主要集中在個體，特別是專家手中。在各種領域中，專家具有超凡影響力，其觀點和見解常被視為權威。因此，這些領域中的個體競爭，主要集中在專業知識和技能上。

過往這種以個體為競爭焦點的模式，在一定程度上推動了社會的進步。個體的努力和成功，往往激勵更多人投入學術研究或商業競爭，進一步推動科技發展。受「馬太效應」（名聲累加吸引更多回饋）影響，作為知識的先驅，專家的貢獻常被視為行業的里程碑，並產生深遠影響。

然而，這種競爭模式有其限制。由於知識和技能在個體間分布不均，導致資源分配不公：擁有高級知識和技能的專家，通常能獲得更多資源和機會；而缺乏這些技能的人，往往處於劣勢。

此外，這種以個人為主的競爭模式，可能導致知識的僵化和保守。因為專家的觀點往往被視為絕對的真理，這可能會阻礙新的觀點、思想的產生和傳播。甚至，當一個行業的專家集結為一個利益團體或形成壁壘，即使其他個體擁有更正確的知識，也將難以對抗。這些所謂的專家，形成了知識的貴族、代言人，甚至是知識本身。

　　然而，這種競爭模式正在逐步變化，新的競爭力量正在崛起，這將對未來的競爭模式產生深遠影響。隨著新 AI 的出現，競爭的本質已經從個體層面逐步轉變為個體與 AI 協同體的對抗，甚至是 AI 協同體間的對抗。新 AI 以其卓越的學習和處理能力，讓廣大人群有機會超越傳統的專家，這不僅是一個變革性的發展，也重新定義了知識與學習的規則。

　　如今在某些領域，新 AI 的學習能力，已經超越了大多數人類專家，能夠從大數據中揮灑自如，提取細微的規律和知識，譬如醫學診斷、金融市場預測等。這意味著，任何普通人只要藉助新 AI 的力量，都有潛力獲得專家等級甚至更豐富的知識和洞察力。

　　知識的獨享特性已被挑戰。傳統上，專家的地位源於他們的專業知識和經驗，這些經驗需要長時間的學習和實踐才能積累。然而，新 AI 的快速學習和分享能力，使每個人都有可能以較短的時間獲得同等的知識，這意味著，專家的優勢將不再明顯。

　　新 AI 正在推動知識的快速普及。人人都有機會接觸到前所未知的知識和資訊，並且可以自由選擇學習和使用。這將使得人們有更多機會參與到各種決策和創新中，不再完全依賴於專家的意見。

　　這將導致一個新的競爭層次的出現，即人機協作的層次。在

這個層次上，個體的競爭優勢，將不再來自於自身的能力，而是取決於如何與 AI 協作，有效地利用新 AI 來增強本身能力，並且在新 AI 的幫助下，實現他們無法單獨完成的任務。

這種變化可能將帶來重大的影響：包括改變看待、思考個體能力的方式，或對教育、職業訓練的需求 —— 例如可能需要新的教育方法，幫助個體學習如何與新 AI 協作，並提供相應的支援，讓他們適應這種新的競爭環境。

新人類身體、大腦與心靈的調適

　　在科技日新月異的今天，新 AI 的出現，無疑將對人類社會帶來深遠的影響。尤其值得關注的是，我們將如何在身體、大腦以及心靈各個層面進行調適，以應對這個加速演化的新時代。

　　首先，從**身體**層面來看，新 AI 的普及將改變我們與環境的互動方式。例如，由於「擴增實境」（AR）或「虛擬現實」（VR）等技術的發展，我們可能需要學習適應虛實交織的環境。而隨著生物技術和新 AI 的結合，我們也可能面臨如何接受身體強化技術等新挑戰。

　　還不止如此。新 AI 也正在微妙且深入地在各種層面改變人類的身體本身，包括感官和肌肉骨骼系統的變化，甚至內在生理機能。例如，與數位裝置的頻繁互動導致的視覺疲勞，久坐習慣以及相關的肌肉骨骼影響。此外，我們的生理反應，也可能也在不為人注意的情況下有所改變，例如長時間接收數位訊息可能導致對訊息過載而產生的適應性新反應。不過，可穿戴科技的出現，則可以持續監控身體狀態，進一步導向數位健康的新時代。

其次，從**大腦**角度來看，新 AI 將改變我們思考和學習的方式。在訊息爆炸時代，我們需要學會利用 AI 工具進行有效的訊息篩選和處理，避免訊息過載。此外也須培養與 AI 有效合作的能力，包括理解其運作原理、學習如何根據個別需要訂製 AI 工具。

但更重要的，在超級人工智慧即將降臨的新時代，人類將面臨的大腦與認知變革挑戰，可能會比身體上的改變更加劇烈。理解這些改變，並以開放的心胸迎接與適應，將是新人類在此演化加速的 AI 新時代的必要策略。

目前許多研究都在探討，當人類大量使用生成式人工智慧工具（如 GPT 系列等）時，大腦會產生何種變化。儘管該領域仍在早期階段，但神經可塑性的理論提供了一個基礎的理解框架。神經可塑性描述了大腦根據新體驗改變與適應的能力，這個過程涉及新神經連接的形成，以及現有神經連接的加強或削弱。例如大量使用生成式人工智慧工具進行藝術創作，可能會增強大腦視覺處理和創新能力相關的神經活動。同樣地，使用此工具創作音樂，也是相近的道理。必須注意的是，這些工具對大腦的影響，可能取決於多種因素，如使用的具體工具、使用頻率和強度，以及個人的大腦和認知特質。

最後，從**心靈**層面來看，新 AI 的出現，將引發一系列深刻的

倫理和心理問題。譬如，如何看待經由人工智慧創作的藝術或文學作品，或由人工智慧做出的重大決策？這些問題，將挑戰我們對自我、人性和價值的理解，需要進行深入的思考和討論，以建立一套能適應新時代的倫理規範和價值觀。

　　總的來說，科技的進步是無法避免的，人類也有機會進化為新人類，也必須在許多層面進行調適；相對於被動地面對變化，我們的優勢策略在於保持對這些變化的警覺，進而主動應對與選擇 —— 譬如，調整生活和工作方式，適應新的數位環境；選擇更健康的生活方式，緩解數位生活對造成的身體壓力；還可以學習如何利用新科技，提升我們的健康和福祉。

　　這也意味著我們更需要敏銳地察覺和理解，這些科技如何影響我們的身體和心理狀態，並尋求理解這些變化的深遠意義，以及對我們生活和健康的長期影響。儘管這是一個深遠且緩慢的過程，但我們必須積極以待，以確保人類能在新的時代中找到自己的位置，並充分發揮其潛力。

　　至此，我們在第二部針對新 AI 啟動了人類新的認知革命的主要內容，就介紹到這裡。然而，在第二部最後，我也希望針對未來超級人工智慧到來的時候，針對人類心靈與靈性的進化的深度探索與覺察，總結一點探索式的展望。

超級人工智慧時代：心靈與靈性進化的深度探索與適應

　　長久以來，靈性領域一直強調覺醒和意識的角色，認為這是達到內在和諧和平衡的重要途徑。在超級人工智慧（如 AGI、ASI）的新時代，超級 AI 系統可能將在人類的覺醒和意識提升的過程中，扮演重要角色：

　　成為我們的知識倉庫，協助我們深入研究、理解各種靈性領域的理論和實踐。類似於 AlphaGo 經由分析數百萬局圍棋對局，找到新的策略，未來的超級 AI 系統可以學習靈性領域的各種經典著作和實踐者的紀錄，從大量的文本資料中提取關於內在自我和覺醒的知識、經驗，並將這些訊息整合為人們可以理解和實踐的建議，幫助我們找到新的方法和策略，探索內在的自我和覺醒。

　　成為個人化的指導者，根據每個人的需求和狀況，透過深入了解每個人的心理特徵、生活經驗和興趣愛好，提供個別服務的靈性指導。就如同 AlphaGo 根據對手的特點調整策略，超級 AI 可以提供針對性的建議和策略，協助使用者在覺醒和意識提升的過程中，獲得更佳的成果。

　　超級 AI 還可以透過模擬各種情境和經驗，來**促進人類的覺醒和意識提升**。例如，創建虛擬現實環境，讓人們在其中體驗各種

靈性實踐，如冥想、呼吸法和視覺化等，以幫助他們在現實生活中，更好地應用這些技巧。

　　新人類需要保持開放的心胸，覺察並體悟這些與超級人工智慧相關的心靈與靈性的改變。超級 AI 不僅是我們的工具，更可以是我們內在成長的夥伴，共同引領我們進入心靈與靈性的新篇章 —— 這樣的心態，將是我們在這個 AI 加速演化的新時代中的適應與生存關鍵。

第三部

全面
升級
你的人生

如果你想知道這些關鍵問題：

◆ 什麼是簡單世界？（參見 P230）什麼是複雜世界？（參見 P234）

◆ 為什麼曾經的專家在複雜世界中如坐針氈？（參見 P234）

◆ 傳統教育體制正受到新 AI 哪些無情的衝擊？（參見 P250）

◆ 在新 AI 年代，人類高階標準考試如何仍能保有鑑別度？（參見 P256）

◆ 在新 AI 的年代，傳統文理科系的師生該如何因應？（參見 P260）

◆在新 AI 時代，自上而下和自下而上的社會制度，各有什麼優勢？
（參見 P269）

◆如果新 AI 成為你的延伸大腦，那你想／該做什麼呢？（參見
P288）

◆在超級 AI 來臨之前，我們應該做什麼準備？（參見 P272）

◆生活在群體中的人們總是覺得施展不開，因為他人的要求或設立
的標準就是束縛人們的緊箍咒。如果有一天你可以拋開這些束
縛，你會感到如魚得水？還是更驚慌失措？（參見 P275）

◆在新 AI 時代的複雜世界中，要找怎麼樣的導師，才能得到真正幫
助？（參見 P298）

9 跳脫框架的
學習革命

新 AI 出現前的簡單世界，學習靠各種專家撐起

　　簡單世界與複雜世界，是一組相對的觀念。「簡單世界」，可以理解為變因有限且獨立而可控、規則清晰、因果線性相關……等等。美國作家 Nassim Nicholas Taleb 在《黑天鵝效應》書中，就清楚描述了一個「白天鵝世界」或者說線性世界，在這個簡單世界中，學習者可以輕易繪製清晰的道路。這裡也是一個專家群聚、確定性豐富、眾人追求標準解答，並且充滿努力不懈氛圍的領域。由於我們在第三部中主要著墨於學習相關的視角，所以在這裡也僅討論在簡單世界中，關於學習的種種面向。簡單世界常見的學習風景有哪些呢？

努力不懈：學習者必須有堅持不懈的精神，這是達成高度知識和技能水準的關鍵。

追求標準答案：學習者尋求確定性並專注於找尋正確答案，深化對各領域知識的理解，以開拓視野。

求教名師與專家：透過專家的指導，學習者能迅速獲得知識和技能，避免走入學習的歧途。

線性累積爬天梯：學習者注重線性累積，逐步建立扎實的知識體系，以達成學習目標。

一萬小時的專注投入：要成為某個領域的專家，需要投入長時間的刻意練習，全心投入學習，才能達到專業水準。

耐心與堅持：成功的學習者必須有耐心，能長時間忍受孤獨的磨練，才能在相關領域獲得顯著成果。

在上述這樣的線性世界裡，學習者常陷入一些迷思而不自知，或無法自拔！例如：

- **（在框架內）探索的樂趣**

  在簡單世界中，可預測性和有限的不確定性，為個人提供了安全穩定的學習機會，不必擔心被複雜性或不可預測性所淹沒。這培養了一種好奇心和探索精神，使學習者在內在動機的驅動下，以自己的節奏深入研究各種學科和專業。

從發現新知識和理解複雜概念中獲得的個人滿足感，仍是
學習經驗的基本要素，人工智慧無法完全複製。許多挑戰，
例如大多數的遊戲，都是如此設計的，所以各種攻略也極
為盛行。這樣的設計，讓參與者對發生的事情有更高的確
定感，而將意料之外的情節與遭遇，歸功於設計者的巧思，
或自己幸運撿到的彩蛋，而感到樂趣無窮！

- **個人成長和發展（的幻覺）：**

  簡單世界中的學習，強調了個人成長和發展所歷經里程碑
  的重要性。經由對自己的學習過程負責，個人發展了基本
  的生活技能，如時間管理、目標設定和自律。這些技能不
  僅增強了學習經驗，還有助於個人和職業的成功。而這些
  前人經歷過的里程碑，常讓人產生「一定要跟隨他人的腳
  步」、如法炮製成功的穩定性想像，於是對自己進行無止
  境的要求。這就像從前我們常聽到過的「合理的要求是訓
  練，不合理的要求是磨練」口號，恰巧說明了許多成長過
  程與所自認的確定性，但這其實是一種幻覺！

- **發展（疊床架屋的）批判性思維，和解決問題的能力：**

  簡單世界的學習過程，鼓勵學習者進行批判性思考，並自
  主解決問題。簡單世界的信仰者其實也發現，仍有許多不
  確定的突發意外是無法預測與控制的； 於是在努力做的過

程中，他們發展了分析、評估和綜合資訊的能力，用以對
努力的效果及其他因素所扮演的角色與權重，進行評估，
最終自認為可以促進對主題的更深入理解。

● **特有獎賞 —— 創造性和創新性思維：**

簡單世界中的學習，最重要的獎賞，是創造和創新的潛力。
當簡單世界學習者努力學習而遇到問題時，有可能探索框
架外的想法，跳出盒子思考，並開發獨特的解決方案。對
於在框架內埋頭苦做的人們，他們得到的獎賞，是被稱讚
努力； 而對於跳脫框架的異議份子，獎賞則是被稱讚有創
造力及創新性！

● **（同溫層／In-Group 的）社會和情感的成長：**

最後，簡單世界中的學習，有助於社會和情感成長。參與
自我導向的學習，個人會發展出同理心、復原力和適應
性 —— 這些特質對個人和職業的成功，至關重要。

簡單世界中自我學習的「魅力」，在於（在框架內）探索、
個人成長和發展關鍵（的幻覺）。透過擁抱線性世界的可預測性
和有限的不確定性，個人可以利用學習的力量來促進好奇心、創
造力和創新，同時培養基本生活技能和情感成長。然而，在現在
新 AI 降臨後充滿黑天鵝的複雜世界中，是否還有同樣的風景呢？

新 AI 出現，加速複雜世界的到來，與專家的殞落

相對地，複雜世界或是複雜系統，則完全是另一番景象。複雜系統是由許多彼此互動的部分構成的系統，這些互動可以產生新的全局行為，而這種行為無法從部分中單獨預測出來。想要分辨或是了解複雜系統，就要能夠好好關注的它的幾種主要特徵，以及這些特徵成立的前提條件：例如：

- **非線性**：它描述了系統的輸出與輸入並非直接成正比，這種非線性性質的原因，是系統的變因之間，存在著彼此的交互作用。

- **自我組織**：複雜系統中的元素，能夠在無中央控制的情況下，產生有序的結構。這個特徵的發生，是當變因之間的互動具有反饋機制。

- **突現**：複雜系統的全局行為或突現性質，是由局部互動產生的；突現出現的原因，是系統具有足夠的複雜性和互動性，以產生超出其部分之和的行為或性質。

此外，複雜世界或複雜系統，還有許多其他的特徵，例如：

適應性（有能力對環境變化做出反應，並調整其行為）；

不確定性（複雜系統的行為，可能受到隨機因素的影響，造成結果的不確定性，這需要系統元素之間或元素與環境之間，存在未能完全預測的互動）；

反饋迴路（系統中的元素互動產生的結果，可能反過來影響該互動）；

遠離平衡（許多複雜系統與其環境，有開放的能量和物質交換，並在非平衡狀態的過程中，形成新的結構和行為）；

路徑依賴（這表示系統具有記憶性，且不能在所有狀態間自由切換或交換）；

強韌性（在受到干擾時保持其功能，並在受到破壞後恢復，這表示系統有足夠的冗餘度和彈性）；

以及**幕律分布**、**難以預測**……等等。

　　囿於篇幅，本書將無法全面而完整地描述這個複雜系統，然而當我們碰觸到複雜系統這個觀念的時候，我們可能會用「黑天鵝世界」來指涉 —— 這是因為前述《黑天鵝效應》的作者塔雷伯，針對複雜世界中的不確定特徵，進行了許多清楚而令人印象深刻的描述。而在其他時候，我們可能會用 VUCA —— 也就是比起專注於描述「不確定」特徵的黑天鵝世界，更廣泛地包含高度變化、不確定及模糊性的複雜系統 —— 來描述，這也將在下一節概略介紹。至於包含其他特徵的複雜系統，我們就不再詳細參照，讀者

可以根據興趣，自行查閱相關參考資料。

　　然而，其實我們可以簡單地說，凡是不屬於簡單世界的，就都屬於複雜世界。也就是說，在複雜世界中，影響結果的變因數量可能過多，以至於難以掌握。或是變因之間相互不獨立，也常常造成牽一髮而動全身的窘況。

　　一個有趣的情況：是當人們在進行各種對於未來的計畫而編列預算時，會發現如果這個計畫是屬於簡單世界的計畫，也就是說每個執行細節對因果關係都很明確，這時候很少看到超支預算的情況，即便有，也都在可控的範圍內。然而，如果這個計畫是屬於複雜世界的範疇，人們會看到的預算編列與執行結果，往往大相逕庭。許多國際有名的重大工程，或者藝術創作，不是花了數倍的時間，就是動支數倍預算，甚至還不能完成 —— 究其原因，就是我們上述所提到的，在複雜世界中，變因數量太多，且常常互相關聯而不可控。所以我們總是聽到「計畫趕不上變化」、「天有不測風雲」的說法，都再再地呈現出，腦中若只有簡單世界思維的時候，人們面對複雜世界的窘困。

　　超級人工智慧的即將到來，對人們來說，就是即將進入一個之前從未預料過的複雜新世界；由於人們仍然希望用在簡單世界學習到的工具來因應挑戰，所以此際也會觀察到許多亂象。其中

最明顯的，就是關於專家的部分，例如曾經簡單世界專家的掙扎與殞落、虛假專家的層出不窮等等。以下我們就來看看：

隨著新 AI 的出現，過往明確而穩固的專業人士地位，發生了顯著轉變。經由著重死記硬背等基礎技能的教育體系培養出來的專家，如今面對充滿不確定性的現實問題時，往往顯得力不從心；而在新 AI 的浪潮下，專家的觀點更是只被視為眾多觀點的一種。這種典範轉移的背後，也包含了我們這個時代的幾個驅動因素，包括網際網路和社群媒體的興起，知識普及，以及虛假訊息的盛行。新 AI 的出現，則更不可逆轉地加速與加深了這一變化的發生。

此時一般民眾難免感到無所適從，總希望能從他處獲得幫助與解答，於是仍習慣尋求專家的幫助。這就像落水的人希望抓到浮木的心情。很可惜的是，曾經簡單世界中備受尊崇的專家，若非陷入拒絕接受自己地位已蕩然無存的現實，就是仍希望尋求各種方法保有完美形象，但其實此時的他們已無法在新的複雜世界中，提供一般民眾更即時、正確、有用和可信的建議了。

更有甚者，是許多自稱專家，或被吹捧為大咖的虛假專家，試圖混水摸魚，利用一般人的徬徨心理，藉機謀取知名度或各種利益 —— 僅是這樣，倒還無傷大雅，但是在過程中一般民眾很可能受到誤導，做出錯誤的選擇和決定，未蒙其利，卻深受其害。

超越專家，從一到百不遲疑

在這個人工智慧飛速發展並成為主導的新時代，不確定性只是我們挑戰的一個面向；其實我們更有可能是身處在一個充滿 VUCA「四大魔王」的複雜世界中，面對人類前所未有的挑戰。由於黑天鵝世界主要著墨的不確定性，以及 VUCA 特別注重的複雜世界四個重要特徵，都在許多科普作品中提供了許多操作性的建議，我們在這一節中，將針對 VUCA 的要素以及指導性建議進行討論。

VUCA 框架，是美國陸軍戰爭學院在 20 世紀 80 年代末所提出，在當時是用來描述冷戰結束後世界的快速變化，和不可預測的種種關鍵概念及因應之道，後來則廣泛地被應用在商業、管理以及領導力等多元領域。

VUCA 框架，是四個字的縮寫：

● **波動性（Volatility）：**

這指的是環境中變化的速度和頻率，通常以意外和不穩定的情況為特徵。波動性可能由各種因素引起，如技術進步、

經濟波動、政治動盪或自然災害。在動盪的環境中，我們
必須具有敏捷性和適應性，以有效地應對快速變化。

譬如在充滿波動性的重大事件中，金融市場中總是不乏波
動性，也提供了許多近距離的經驗與教訓，加上現今我們
所擁有的許多經濟模型，以及未來與人工智慧協同開發出
的新經濟模型做出的資料驅動，我們將可以進一步的掌握
波動性的精髓。

- **不確定性（Uncertainty）：**
  指在特定情況下，資訊缺乏可預測性和可靠性。也表示無
  法準確地預見未來或預測行動和決策的結果。在不確定的
  條件下，我們需要適應不可預測性，並發展出根據不完整
  或快速變化的資訊做出決定的能力。

  由《黑天鵝效應》作者塔雷伯所著的《反脆弱》（*Antlfragile:
  Things That Gain from Disorder*）一書總結建議人們應該致
  力於開發「反脆弱」系統，在波動性和不確定性面前茁壯
  成長，並能擁抱隨機性和不可預測性，作為增長和創新的
  來源，並能在個人和組織層面上，培養復原力和適應性。

- **複雜性（Complexity）：**
  指各種因素、系統和利益相關者，在某種情況下的相互聯
  繫和相互依賴。在一個複雜的環境中，有多種變數和關係

需要考慮，使得分析和全面瞭解情況變得困難。我們需要
發展分析和綜合資訊的技能，識別模式和趨勢，並在複雜
的情況下做出明智的決定。

由 General Stanley McChrystal、Tantum Collins、David
Silverman 和 Chris Fussell 等作者合寫的 *Team of Teams:
New Rules of Engagement for a Complex World*（台譯為《美
軍四星上將教你打造黃金團隊》）所給的建議是：開發一個靈
活的、分散的決策結構，並培養一種資訊共用和協作的文
化，還要能鼓勵跨職能的團隊打破孤島，快速適應。

- **模糊性（Ambiguity）：**
  模糊性是指在一種情況下，缺乏明確性和存在多種解釋或
  意義。它通常是由不完整或相互衝突的資訊造成的，使人
  難以確定最佳行動方案。在模棱兩可的情況下，我們必須
  適應多種可能性，接受不同的觀點，並在新的資訊出現時，
  願意學習和適應。

  在東方的文化中，模糊性也無所不在，所以下屬常常需要
  體察上意、讀出弦外之音；而在詩詞中的模糊性，卻是文
  學中的一種美的特徵。我們可以考慮保有模糊性的優點，
  而善用西方批判性思維、系統思維，或麥肯錫顧問公司的
  MECE 分析法等工具，來因應各種模糊性的挑戰。

　　我們要能理解，在新 AI 降臨後的 VUCA 世界中，知識和技能的更新速度愈來愈快。過去的專家與知識，可能已經不能適應新的挑戰和需求。因此，我們應該擁抱變革，勇於學習新的知識和技能，而不是停留在過去的成就上。我們要跳脫想像共同體的束縛，打破既定的框架。在過去，想像的共同體提供了許多我們賴以生存的許多組成，也讓我們被貼上了無法抹滅的標籤，甚至不得不付出重於泰山的代價。然而 VUCA 世界中，創新和多元化的價值觀念，變得愈來愈重要。我們要學會從不同的角度思考問題，充分發揮自己的想像力和創造力，為解決問題提供新的思路。也就是說，這個時候人們的最佳策略，將會是強化培養自我提升的能力，在這個複雜世界的挑戰中，超越專家。這也是本書第三部中所強調、倡議的！

　　其實，這個世界上重要的事情，都會經歷兩次性質完全不同的創造過程。一次是從 0 到 1 的無中生有，一個之前無足輕重的小裂縫被打開，讓人們窺見新的可能性；在這個過程中，無與倫比的創意，或是想像不到的不經意的連結，扮演著極為重要的角色 ── **這也是在複雜世界常常看到的各種火花。**另一個創造，則是從 1 到 1 百的放大過程，使先前從 0 到 1 的創意能夠規模化。在這個過程中，各種與規模化相關，以及諸如六個 sigma（或譯為「六個標準差」）等提升管理效能的手段，都扮演著極為重要的角色 ── **這則是在簡單世界中常看到的管理手段。**

　　此際我們其實正在為進入一個全方位複雜世界的挑戰而做準備。尤其是要找到真心熱愛的領域，全心投入。在複雜世界中，充滿激情和動力的人更容易經由摸索而達到從 0 到 1 的無中生有，在各自領域中取得第一階段的成功 —— 在這個階段，專家能夠提供的協助，其實極其有限。而當人們進展到從 1 到 100 的規模化階段時，則需要找到那些在規模化歷程中有實務經驗的專家。因此，我們更應該跟隨內心，追求自己真正的興趣和夢想。

學習已然徹底改變！

新 AI 的到來，已對人類的學習方式產生深遠影響：

- **從個體的點的學習，到群體的線的學習，再到整體的全面學習：**

  透過與 AI 協作，我們的學習範疇已從個體的「點」學習，發展到群體的「線」學習，並有機會提升到整體的全面學習。在過去，人類的學習主要依賴於個人的努力和資源，通過閱讀、實踐和經驗，積累個體的知識和技能。然而，這種方式極大地受限於個人的時間、能力和資訊獲取的範圍。

  隨著新 AI 的引入，「線」學習成為可能。這意味著學習可以在人機協作中進行。新 AI 可以高效地處理和分析大量數據，使人們共享知識和經驗。然而，更深層次的變革，是向人類整體智慧全面學習。新 AI 的跨學科整合和分析資訊的能力，使得人們能夠在更廣泛的範疇內學習和理解問題。

● **從過去一個老師教多個學生，到多個虛擬老師教一個學生：**

新 AI 的到來，勢必在教育領域掀起一場革命，它不僅改變我們的學習方式，更開闢了無限的可能性。一個最引人注目的變革，將是學習模式的轉變：從傳統的一個老師對多個學生，到多個老師（經 AI 彙整各領域值得學習的個體與群體）對一個學生。學習與教育的範疇，因而得到大幅擴展。

在過去，一對多的教學模式，有極大的侷限性，如教師的資源、時間是有限的，而學生的學習風格和速度可能各不相同，這使得「因材施教」的理想，極為難以達成。而新的模式卻能根據學生的需求和興趣，使學生可以隨時隨地從 AI 系統中獲取多位虛擬老師的教學 —— 且是基於世界各地、各領域的真實專家和教育者的知識、經驗創建的。

● **從知識學習，到認知拓展：**

新 AI 的出現，將徹底改變人類的學習範圍。其中一個最重要的轉變，是學習的焦點從傳統的「知識」學習，轉向更廣泛的「認知」拓展。在此之前，學生在校學習各科目主題，是以「累積」知識為目標。然而這種方式往往缺乏深入理解和應用知識的能力，也不易適應愈發快速變化的世界。

新 AI 的出現，使學習的範疇得以迅速、輕易地拓展。除了知識的累積，新 AI 還能夠幫助個體發展更廣泛的認知能力，如批判性思維、問題解決和創造力。透過新 AI 工具和平台，學生可以參與模擬、遊戲和互動式教程，這些活動強調了思考和理解的重要性，而不僅僅是記憶和重複。

新 AI 的到來，已經將學習的重點，轉向更廣泛的認知拓展。這不僅使學生能夠更有效地適應，並在快速變化的世界中茁壯成長，而且有助於培養下一代的創新者和領袖。

回歸最純粹的學習機會：問答

在科技高速發展的時代，新 AI 的出現，為我們提供了一個難得的機會，那就是回歸最純粹的學習。隨著科技的不斷進步，我們在生活中被各種資訊和數據包圍，學習方式也發生了顯著變化。許多時候，學習變得碎片化，缺乏深度和持續性。這使得我們在追求知識的過程中容易迷失方向，忘記了學習的初衷和最純粹的目的。

新 AI 的問答式學習方式，可以幫助我們突破傳統教育框架的限制。我們可以在不同學科之間自由地穿梭，建立起跨領域的知識體系。這將有助於我們拓展視野，提高創新能力，並在面對複雜問題時，能提出更有創意和有效的解決方案。我們可以更加直接地與知識互動，因此更好地理解和掌握知識。這種學習方式，讓我們能夠在實踐中不斷地嘗試、反思，加深對知識的理解和運用；也將使我們更加自信地應對生活和工作中的各種挑戰。

回歸純粹的學習，意味著我們將重新找回對知識的熱愛和好奇心，真正地投入到學習中。在這個過程中，不再僅僅是為了應對考試或滿足他人期望而學習，而是真正地為了自己的成長和興

趣而努力。我們不再受到固定課程和教學方式的束縛，可以根據自己的需求和興趣，選擇學習內容。我們也將因此在心靈上獲得更大滿足。

　　這樣的學習過程，也將有助於在個人成長方面取得更大突破。我們可以更加自由地探索、發現自己的潛能，不受外界的限制和束縛，進而在知識的海洋中找到自己的定位。這將有助於培養獨立思考的能力，並激發創造力和想像力；我們也才能夠真正地實現自我價值。

　　總之，新 AI 提供了一個回歸最純粹的學習機會，讓我們重新找回對知識的熱愛和好奇心。面對這樣一個嶄新的學習世界，我們應該把握住這個機遇，勇敢地去追求夢想，並在知識的道路上不斷探索和前進。

—— 有關使用新 AI 的問答參考，請見本書附錄

協同學習的新紀元：點線面－網狀－立體－多次元

　　新 AI 先進的自然語言處理技術，正在改變人類的學習方式，引領人類進入一個學習革命的新時代 —— 從完善知識點、多線跨領域學習，到網狀立體學習，以及最終實現多次元多維度的完整理解：

- **完善所有人類知識寶庫的知識點**：新 AI 可以自動搜尋、整合和更新大量資訊，提供最新的知識點。經由機器學習技術，新 AI 能夠不斷擴展其知識庫，確保我們在學習過程中，始終掌握最新的知識。

- **多線跨領域學習**：新 AI 可以將不同學科領域的知識點串聯起來，幫助我們在學習過程中，建立跨領域的思維。經由生成相關的問題和答案，新 AI 可以幫助學習者，更深入地理解各領域之間的聯繫。

- **網狀立體學習**：新 AI 可以從多個維度分析資訊，為學習者提供立體的知識體系。經由生成各種不同角度的解釋和例子，新 AI 可以幫助學習者，從不同層次和角度理解知識。

在這樣的網狀立體學習基礎上，新 AI 可以提供更多元化的資源，並經由生成模擬案例、實驗設計等實用資源，學習者將能在現實情境中更嫻熟應用所學，提升學習體驗。

● **多次元多維度的完整理解**：新 AI 能夠根據學習者的需求和興趣，提供個人化的學習資源。經由分析學習者的行為和成果，新 AI 可以智慧地調整其建議，確保學習者在多次元多維度上達到完整理解，促使他們從多角度和全面的視角探究知識，進一步拓展知識邊界。

10 創造教育體制和 社會體制的新機會

傳統教育體制受到無情衝擊

隨著新 AI 的崛起，傳統教育受到了前所未有的衝擊，甚至已經顯得不合時宜。我們針對幾個方面，將具體闡述這一觀點。

● **過往過度注重記憶與背誦，不再有意義**

隨著新 AI 的驚人發展，尤其是在語言和知識方面的能力已遠超過人類，且能快速搜尋和處理大量訊息，並以更高效的方式例如搜索引擎和問答系統提供答案，因而大大降低了依賴記憶和背誦的必要性；學生將不再需要去費力記住大量訊息，如歷史事件、數學公式和科學原理。

新 AI 的應用，將促使教育界重新思考學生需要掌握的核心技能。在訊息爆炸的時代，學生可以將過去用來記憶、背誦知識的大量時間與精力，更好地用來投入培養批判性思維、創新能力、自主學習與解決問題的能力，以適應不斷變化的環境。這些能力，其實是傳統教育方法向來忽略或不知如何有效培養的。教育創新將迎來無限可能。教學者可以利用這些先進技術，設計更有趣、更具互動性的教學方法；這也更加突顯過往以記憶、背誦為主的學習方法顯得過時，且沒有吸引力。

● 老師與專家的權威地位，已經難保

由於學生更有機會輕易地獲得大量知識、資訊，加上新 AI 技術可以提供個人化的自主學習資源和教育方案，將不再僅依賴老師和專家的傳授，以及只能在學校進行的傳統教學與教師指導模式。這將使得教師在知識傳授方面的地位，受到巨大挑戰；甚至，在這種情況下，堅持傳統教育模式將使學生在未來社會中處於劣勢。

教育資源的分配，也將受到明顯影響。過去，優質資源往往集中於一些名校或名師手中，而其他學校和學生很難有機會共享，這也強化了資源掌握者的權威印象；但隨著新 AI 的發展，教育資源可以在網路平台上實現快速共享，打

破地域和經濟的限制，這將使得更多弱勢學生有機會接受優質教育，縮小教育差距 —— 這也將削弱資源控制者的地位。

教育模式即將發生革命性的變革。老師和專家若要擺脫權威地位受到的嚴酷挑戰，最好的方法，應該要更重視培養學生的自主學習能力，並將自己的角色從單向傳授者與管理者，轉變為引導者和助手，且充分利用 AI 技術來滿足學生的個人化需求和提高教學效果；尤其自身更須不斷學習和適應新技術，提升專業，以保持競爭力。

● 強調耐心與磨練的訓練方式，已然經不起考驗

過去，我們的社會價值強調耐心和磨練，認為「合理的要求是磨練，不合理的要求是訓練」，然而在新 AI 的影響下，已明顯無法適應當今社會的需求。由於新 AI 可以在短時間內完成許多過去需要長時間練習和磨練的工作，更是早已取代了過去相對不方便、在圖書館中花費大量時間翻閱紙本書籍的收集資料的模式 —— 這意味著，提升學生競爭力的「有效」途徑的定義已經徹底改變，教育應該重視培養學生的快速學習和應變能力；訊息爆炸成為不可避的新課題，分辨、篩選訊息與知識的能力，也變得愈發重要。

要求耐心與磨練的教育模式，推崇標準答案與按部就班的

漫長過程,傾向以均質化作為目標,也容易導致壓抑擁有
特殊個性、才能或興趣的個體。新 AI 為教育則帶來了高度
個人化的可能:經由分析每個學生的特點和需求,新 AI 教
育工具可以為學生提供量身訂做的學習計畫和資源。相應
的,教育界也須全面地思考並開發更靈活的教學方法。

● 過度推廣少數特例或個案的教學方式,在嚴謹統計框架下, 已站不住腳

過去,尤其在威權時代,教師在教學過程中可能會過度以
偏概全,將少數取樣的解釋,直接套用到整體情況,而遽
下結論。而在新 AI 技術的輔助下,教育工作者將更容易獲
得大量數據,進行更精確和全面的分析,得出更有說服力
的結論。

此外,傳統的教學方式往往忽略了學生的差異,習慣將少
數(不論是正面或負面的)特例或個案作為典型案例進行
教學。這種教學方式,在新 AI 出現後便顯得過於簡化,更
使得考慮個體差異的教育「公平性」與適性理想,成為理
所當然被忽略的東西。

甚至,由於過去長期以來的社會氛圍中,教師的地位不容
質疑,因而對於學生的教育評估,可能存在個人的主觀性
和偏見,導致評分或態度不公竟然可能成為「不能說的祕

密」——這一方面也是因為缺乏客觀、有效評估教學效果與學生表現的工具。新 AI 技術可以在這方面提供有力的協助，從而提高評分的公正性，並使教師更完整、深入地認識學生的需求與學習問題，避免使用過去那些基於少數特例快速跳到結論的教學方式，限制學生的思考深度與創意。

● 標準考試中的優秀與名列前茅，已顯得微不足道

經由新 AI 技術的輔助，學生可以輕鬆查找和理解大量訊息，快速且準確地回答各種問題，學生未必能（也不需要）深入理解知識概念，就能在標準考試中獲得高分，這將更使得標準考試不再能真實反映學習成果，以及真正的知識水準與能力，而僅僅成為一個測試他們如何利用 AI 技術的工具，變得愈發不合時宜。

新 AI 技術正在改變教育評估的方式與考試制度，朝向更加全面和多元化的方向發展，這將使具有不同特點、能力的學生都能獲得應有的肯定和激勵。在過去，往往過於強調應試能力與記憶力，而忽略或貶低了學生在實際操作、團隊合作和創造力等方面的表現，因此考試的「優秀」評價也僅是片面的。未來的教育應該關注學生的全面發展與綜合素養，包括他們的情感、社交和道德素養，以及創新和應用實踐能力。

　　新 AI 技術的出現，無情地衝擊了傳統教育。面對這一挑戰，教育界應該積極擁抱新 AI 技術，運用其優勢積極調整和改革教育模式、教學方法和評價標準，以適應時代的變化。只有這樣，教育才能真正培養出適應未來社會需求，具有創新精神和批判性思維的人才，為人類的發展做出貢獻。

全面檢視人類高階標準考試的鑑別度

● AI 考試考高分，總讓人想到超越與取代

在過去的幾年中，AI 技術取得了顯著的突破，其中 ChatGPT 系列作為最具代表性的新 AI 之一，僅僅在 2023 年 3、4 月間，就陸續被報導在各項人類高階標準考試上表現出色，例如：通過美國律師考試（排名前 10%）、國際生物奧林匹亞（贏過 99% 考生），以及美國大學入學測驗 SAT，甚至還高分通過美國醫師資格考。這些傑出成果，意味著新 AI 在某些領域已有相當高的專業水準，並可能在未來對各行各業產生重大影響。然而，在讚揚新 AI 成就的同時，也必須注意到，我們在本書第一部就已略提過的，這些成就背後的侷限性和挑戰。

新 AI 高分通過這些人類高階標準考試，代表著 AI 在知識理解和分析能力上的驚人進步，展現了對專業領域知識的深入掌握，以及運用這些知識解決問題的能力。這意味著，新 AI 未來很可能成為專業人士的有力助手，幫助他們提高工作效率和準確性。

● 考試成績只是專業的一小部分

我們同時也應該看到，新 AI 在這些考試中的表現，並不能完全反映其在實際工作場景中的應用價值。例如，律師在日常工作中，需要與客戶溝通、協商和辯論，但這些能力並不在律師考試的範疇內；同樣地，醫生在診治病患時，除了專業知識外，還需要具備良好的溝通技巧和同理心，臨時狀況的指揮能力與決斷力，以及醫療團隊的信任感與默契。因此，僅憑在高階標準考試中的高分表現，並不能證明新 AI 完全具備人類專業工作者的能力。

新 AI 在這些考試中的傑出成績，也引發人們對未來就業市場的擔憂。隨著新 AI 技術的快速發展，部分簡單重複的工作可能被 AI 取代，進而對就業市場產生影響。不過，我們應該明白 AI 並非萬能，無法完全替代人類在各領域的工作；相反的，未來的發展趨勢可能是人類與 AI 實現協同合作，充分發揮各自的優勢。在此過程中，人類專業工作者可以專注於創新和高階決策，以及自我提升，而 AI 則接手承擔繁重、重複性的工作，提高整體生產效率。但在過渡時期，也有賴當局與各產業攜手，社會集思廣益，對這個必然發展提出思慮更周全的規畫與配套。

- **全面檢視標準考試的鑑別度**

  新 AI 在高階標準考試中取得的高分成績，也應該引起教育界的關注。這表明這些考試仍可能過於依賴「既有」知識的融會貫通，而難以充分考察受試者的創新能力和批判性思維。因此，教育改革的第一步，應是重新審視標準考試的設計，以充分評估學生在面對未知挑戰時的應對能力。

  至於標準考試的評估與設計，則應考慮普遍地將新 AI 套用至目前行之有年的各項標準考試，只要新 AI 通過率達到該考試的 90%，或是其它更合適的門檻，就必須進行考試方式的全面修改 —— 因為新 AI 只憑藉既有知識的融會貫通，就可達測試成績的 90%，說明未來人機合作時，90% 就是基本受試門檻，這將不易有清晰鑑別人與人之間的能力、程度差異。

- **從跨學科協作和實踐能力的培養開始**

  隨著新 AI 技術的應用日益廣泛，跨學科知識和技能變得愈來愈重要。傳統教育體系通常強調學科之間的界限，這在一定程度上限制了學生的創新能力和綜合理解。然而，在面對日益複雜、不斷變化的現實世界問題時，僅憑單一學科的知識，很難解決問題。因此，未來的教育改革，應更加重視培養學生的跨學科素養，並鼓勵學生在學習過程中

進行跨學科的合作，並給予實踐經驗更高的重視。

而順著跨學科的視野延展，教育改革還應著重培養學生的終身學習能力。隨著知識的更新速度不斷加快，教育機構應該推行「以學生為中心」的教學模式，幫助學生具備自主學習能力，以便在畢業後持續提升自己的知識和技能。

此外，教育改革應在綜合評價中，給予人文素養和社會責任更高的地位。新 AI 雖然具有強大的知識理解能力，但無法像人類一樣具有情感和道德觀念。因此，未來的教育體系更應該注重培養學生的人文素養與公民品格，並以此作為應用 AI，跨領域學習、應用知識與能力的發動核心。

總之，我們在讚揚新 AI 的驚人成就，見證其對於教育或專業領域造成挑戰、推動改革的同時，也應進一步思考，如何將新 AI 技術與人類專業工作相結合，推動社會的持續發展。

傳統文理科系分法的後遺症

在過去人們的一般概念中，理工與人文兩個領域的學生，具有不同的學術背景和興趣，學習與自我認知心態也存在明顯差異。在現今新 AI 大爆發的年代，他們是否會有不同的因應策略？

理工科的學生，通常關注於具體的問題，與知識的實際應用。他們往往在解決實際問題、創造新的技術等方面，展現出強烈的興趣；並在學習過程中更側重於邏輯思維、規範性、客觀事實與數據；追求普遍性和規律，傾向於尋求通用的解決方案和模式。這使得他們往往能夠理性分析問題，找到最佳解決方案。

文科專業的學生則更關注人類經驗、思想和文化。他們經由學習哲學、歷史、文學等知識，對社會現象進行深入的理解和詮釋；通常更善於發現並欣賞各種文化、價值觀和思想的差異，也尊重這些差異所帶來的多元性。文科學生在學習過程中會強調批判性思考和創造性表達。這使得他們在面對問題時，能從多角度思考，願意尊重並接納不同的意見，並用獨特的方式表達個人主觀的觀點。

理工科學生往往具有更強的競爭意識。在科技領域，創新和實用性是成功的關鍵因素，因此，他們更容易在學術研究和就業市場中形成競爭 —— 這種心態有助於他們追求卓越，不斷提高自己的專業技能。而文科學生通常更加重視合作與交流。在文科領域，學術研究往往需要跨學科的合作，並依賴於知識的共享和傳播；也因此，他們在學習過程中更注重團隊協作和溝通能力的培養。

理工科和文科專業學生對未來的看法也有所不同。前者往往對未來充滿樂觀和期待，對科技進步充滿信心，相信科技可以解決許多社會問題，幫助人類改善生活。因此，他們會將目標放在創新技術和開發新產品上，以推動社會進步。而文科學生更傾向於關注社會和文化層面的變化。他們意識到科技進步並非萬能，某些問題需要從人文角度來解決。因此，他們常致力於瞭解和解決社會、文化和道德層面的問題。在面對未來時，可能更加在意社會公平和道德價值的實現。

把人們的學習概括地劃分為文科與理科，其實是過往簡單世界的一個便宜行事的作法。簡單世界由於因果較為明確，所處的時代教育資源有限，所以無論東西方，都極為注重教學的效率，更注重學習過程中的專注，與極致成果的追求。這樣的偏科設計，

當他們各自面對簡單世界的挑戰時，有機會產生非常傑出的成果；然而由於文科缺乏理科的訓練，理科也缺乏文科素養，在面臨複雜世界的挑戰時，就很可能荒腔走板。

如今我們已經明顯地感受到了種種來自複雜世界的明顯挑戰，這些挑戰往往都是跨學科或不分科，譬如重大工程、政治議題、公衛防疫等有著複雜變因，牽涉到許多人與領域的事情。這種學科邊際模糊的特徵，更突顯簡單世界中專家能力的侷限性；另方面，將更要求對跨領域拼圖的同時掌握，也就是比起個人拚搏或天份的優秀，摒棄狹隘的文理差異的團隊協作，會更加重要。而在個體的層次，我們也應該在 AI 的加持下，盡可能地進行全方位、跨學科的涉獵。

文理科生面臨就業市場的新挑戰和機會

　　在當今社會，隨著科技的迅速發展和經濟的變化，面對激烈的就業競爭，文科專業畢業生在尋找工作時，面臨著不少挑戰。這裡我們先來看看文科畢業生可能遇到的幾個主要問題。

　　市場需求的變化，對文科專業畢業生造成了很大的壓力。隨著科技行業高速發展，許多企業和機構對技術人才的需求愈來愈大。相對而言，傳統文科職位的需求成長，較為平緩，使得文科畢業生在就業市場上的競爭力相對較弱。相對於科技專業畢業生，文科畢業生在數據分析、程式設計等技能方面較為欠缺，導致在應對各行業數位化轉型的過程中稍顯吃力，難以迅速適應新的工作需求。另方面，他們也較少接觸到與實際工作相關的實習機會，畢業後踏入職場時，較缺乏先備的實戰經驗。此外，文科專業畢業生的職業發展路徑，比科技專業畢業生更為多樣，從教育、媒體到公共事務等行業，選擇範圍廣泛；這也可能使他們在規畫自己的職業方向時，更容易感到困惑和無助。所以 George Anders 在 *You Can Do Anything: The Surprising Power of a "Useless" Liberal Arts Education*（台譯《人文學科的逆襲：「無路用」學門畢業生

的職場出頭術》）一書中，就鼓勵文科生可以勇敢地追尋表達自我
的機會，反觀理工科並不需要這樣的書來調適心情，而有更多如
何可以賺更多錢的職業選擇工具書相伴。

2023 年由於是新 AI 爆發的年份，與新 AI 相關科系的畢業生、
甚至老師與教授，都變成產業界高薪爭相聘僱的目標。在過往，
這種因為產業風口轉變造成人才競逐的現象，總是時不時發生。
例如電子業、半導體、數據分析、計量財務工程、基因科技、遊
戲與博弈科技……等行業，多有其引領風騷的時期。不過，如果
在求學與就業方面，只是仿效遊牧民族逐水草而居般追逐各個風
口，你將會發現永遠只能抓住風口的尾巴，或錯失風口的最高點。

我也想分享一些自己過往的親身經歷，供大家參考。在我求
學的階段，其實仍然處在一個相對而言比較簡單的世界，因此從
求學到就業的路徑，也是明確但單調的。那個時候，大部分與生
物醫藥有關的科系的大學畢業生，出國留學取得碩博士學位的比
例很高，然後就在學校取得教職或到新創公司做個研究人員，因
為我們的父執輩或教授們也都是在這樣的過程中發光發熱。然而
時代的變化總是讓人猝不及防，即便努力不比前輩少，但在僧多
粥少的情況下，我也只好試圖尋找其他工作機會。

有趣的是，當時我剛好讀到一本書 *Alternative Careers in*

Science，頗受啟發，於是我就白天在實驗室做實驗，晚上去電腦系進修學分，畢業後剛巧生物資訊突然爆紅，有機會到先進國家的國家級實驗室觀摩學習，也深刻地了解到實驗室的研發成果要能商品化，需要的不只是頂尖的研發能力（就是之前所說的 0 到 1 的能力），也需要通過資本市場的資金，以及新創公司將研發成果落實與放大的能力（也就是從 1 到 100 的能力）。於是我又進入母校的 EMBA program，將許多財務、會計、管理、組織行為、經濟……等所謂的文科內容，進行更系統化的學習。

那個時候，還沒有 AI 的協助，所有學習都是靠土法煉鋼；然而一旦從理科突破了文科的結界，學習忽然之間變得更加豐富、立體，從此之後對於像是心理學、各種文學作品，甚至是歷史、哲學相關的書籍，也不再視為畏途。而且在工作上與會計師或律師進行專業溝通時，也不再只限於研發的出身而覺得矮人一截。於是，在工作資歷的累積上，也遠超過自己最初認定的範圍，一路上經歷了許多有趣的人事物。

所以我想建議讀者，在新 AI 出現後，更該打破自身專業領域的定義與限制，並真正理解外在的集體價值觀追求的重要性，將被創新、獨特個性逐漸超越，正是時候善用 AI，強化在學習路上的個性化與創意，選擇自己真正有興趣的領域，全心全意、全方位地投入，就更有機會在求學與就業的路上，遇見最好的風景。

在複雜世界中，利用 AI 來彌補文理分科偏廢的缺憾

新 AI 的降臨，加劇了各方面的不確定性和複雜性。譬如，更麻煩的，是這些背後的因素會相互作用、累積，並帶來意想不到的後果。例如，金融風暴、自然災害和政治動盪等事件，都有可能對全球經濟、社會和政治環境造成巨大影響。因此，我們需要思考如何應對，減少損失，並創造更多機會。人文學科能幫助科技公司更好地了解社會和文化環境，因此設計出更加成功的產品和服務。

所以，我們可以加強人文學科的培養，並和 STEM 學科（即組成「理工科」概念的四大領域：科學 Science、技術 Technology、工程 Engineering 及數學 Mathematics）進行跨學科合作。而在 *The Fuzzy and the Techie: Why the Liberal Arts Will Rule the Digital World*（台譯《書呆與阿宅：理工科技力 + 人文洞察力，為科技產業發掘市場需求，解決全球議題》）一書中，作者 Scott Hartley 則更強調文理二者間的跨學科合作，對創新的重要性，也是面對這個不確定性與複雜的世界的良方。這樣的跨學科合作發展，將更突顯人文素養在新時代的價值，也有助於個體提升能力，例如：

- **精細而獨特的感知：**

  人文訓練經由深入歷史、文學、藝術和哲學等的薰陶，培養了人們的立體思考能力。在此基礎上，我們可以藉由新AI 的協助，提高認知顆粒度，發展更精細而獨特的感知力，這在因應複雜世界的挑戰時尤為重要，讓我們能夠敏銳地捕捉到細節和微妙差異，進而豐富洞察力及同理心。例如覺察內感力（interoception），提升我們在複雜世界例如金融交易的決策優勢；或是人際互動中的處境判斷。經過鑽研人文學科，我們將可能更加善於運用這種精細的感知，創造更加深刻和具有影響力的解決方案。

- **覺察潛認知與暗認知的能力：**

  理科的各種顯性能力與表現，例如強勢、超乎常情的自信，以及各種世俗意義上的成功或優秀，讓我們在群體中容易得到他人關注，也成為眾人爭相追逐的目標，但有時也會使得我們忽略自己的認知侷限性。經由新AI 的協助，提升察覺到隱性的潛認知與暗認知的能力，將能無限地拓展認知邊界，讓我們隨時保持謙卑與寬容 —— 這尤其是我們面對複雜世界挑戰的法寶；這將提升我們對於影響事情結果的各種變因的掌握能力，也就更能面對複雜世界的挑戰。

在一個充滿不確定性和複雜性的時代，尤其在新 AI 登場之後，出身人文學科的人，其實愈來愈能在各領域發揮重要作用。事實上，也愈來愈多高科技公司聘請人文背景的畢業生，透過結合 AI 觀察和分析用戶行為，更好地理解用戶需求，為企業提供寶貴的市場洞察，推動更符合用戶需求的產品創新和服務， 拉開與競爭對手的距離，形成難以逾越的護城河。

從自上而下，到自下而上社會體制的優勢轉移

　　人類社會體制經過長時間的演變，現今主要有兩種截然不同的制度：一種是自下而上、經過層層篩選、類似生物演化方式的制度；另一種則是自上而下的指導、貫徹菁英領袖意志、更注重明確計畫的制度。在新 AI 的時代，自上而下和自下而上，這兩種不同體制、心態的社會之間的競爭，將呈現出何種局面？

　　在面對不確定性和複雜性時，自下而上的制度，其演化思維與特性，形成它的顯著優勢，因為百家爭鳴後的存活者，都具有能適應新環境的絕佳能力與競爭條件。以蒸汽機和網際網路的發展為例，蒸汽機的發明，並且經過持續改良後，引發了工業革命，帶動了整個歐洲經濟的飛躍。當時的英國和歐洲社會，藉由自由市場經濟和民主制度，充分發揮了創新和競爭的力量，推動了科技進步和產業發展。時隔兩百多年，網際網路的出現，則改變了全球訊息傳播和經濟運行方式。自下而上的社會價值，更在這一變革中發揮了重要作用，例如美國的矽谷成為了全球創新的搖籃，培育、篩選出眾多網際網路巨頭，如 Google、Facebook 和 Amazon 等。

所以，在新 AI 的潛力利用和應用方面，自下而上的社會更有利於 AI 的普及和發展。這些社會通常擁有更為開放的環境，對創新和技術變革持較為友好的態度，也有更高的創新能力和市場潛力。這些社會的企業和研究機構，能夠快速將 AI 技術應用於各行各業，帶動經濟發展。此外，自下而上社會通常更重視個人隱私和數據保護，對 AI 技術在這方面的應用，有較為嚴格的監管。這有助於維護公民的權益，並確保 AI 技術的合理使用。

相對地，在面對確定性和明確道路時，自上而下制度的指揮模式則可能更具效率，因為可以更有效率地將社會資源運用在所選定的方向，不會因為不適應環境而被淘汰 ── 因為在上位者決定的，就是最好的環境。以「計畫經濟」在自上而下社會的實踐為例，蘇聯與中國都透過強大的社會干預和高度集中的體制，在短時間內實現了工業化和現代化。蘇聯與中國的計畫經濟，使得社會能夠專注於戰略性領域的發展，如國防和基礎設施建設，並取得顯著成果。此外，在一些地區改革開放前，計畫經濟也在一定程度上為該地區現代化進程奠定了基礎。

然而，自上而下制度在面對不確定性和複雜性的巨大轉折時，往往顯得力不從心。例如，在網際網路時代，由於過度的審查和管制，限制了訊息自由流通和創新環境的形成，這使得其社會在全球網際網路競爭中處於劣勢，無法充分發揮其市場和人才潛力。

所以，自上而下的社會可能會出於對科技帶來變革和不確定性的擔憂，壓抑人工智慧技術的發展，並將 AI 技術主要應用於社會安全和社會監控等領域，限制了其在其他領域的應用。同時，自上而下社會可能對隱私和數據保護的重視程度較低，這可能導致 AI 技術在該社會的應用，帶來一定的風險。

綜上所述，面對新 AI 的時代，自下而上精神的社會在接受新技術、監管心態、應用 AI 潛力以及其他方面，均具有競爭優勢。而自上而下社會則可能在這些方面受到限制。未來，隨著 AI 技術的不斷發展，這種競爭格局將更加明顯。

11 創造人生的新風景

善用新 AI，我們將可以為自己創造從前無法想像的新風景。然而，這對許多人來說，會涉及踏上新路程的種種心理波折和抗拒，也會有各種短、中、長期需要面對的挑戰。在此，我們將一一檢視這些挑戰，讓自己做好準備，以便在新 AI 時代盡情開創人生各種驚異的新可能。

離開舒適區的五個階段

在新 AI 來臨之際，我們可以參考 Elisabeth Kubler-Ross 在 1969 年的著作《論死亡與臨終》（*On Death and Dying*）中提出

的五個悲傷階段，來理解可能會遇到的狀況。雖然悲傷通常被認為是對死亡的反應，但只要現實世界與我們所期望、希望或預料的不同，就可能引發類似情緒。持續、創傷性的低落情緒，可能使我們在這五個階段之間迅速循環。而這些階段，也是我們在適應新 AI 時，保護自己和處理變化的嘗試：

- **否認：** 在新 AI 來臨時，人們可能最先經歷的階段。無法接受這一突如其來的變革，認為新技術對自己的生活和工作不會產生重大影響。要克服這一階段，需要加強對新 AI 的普及和教育，讓人們意識到 AI 的重要性和潛力，並且在日常生活中逐漸習慣其存在。

- **憤怒：** 當現實與期望不符時，人們可能抱怨，為什麼新 AI 會對生活產生如此巨大的影響，並對這一變革產生敵意。在這一階段，我們應該理解其擔憂，並提供支持和指導，幫助他們看到 AI 技術的正面影響。

- **討價還價：** 人們可能試圖找到折衷的、與新 AI 共存的方法，讓自己在新技術面前保持一定的控制，同時保持自己的舊習慣和價值觀。在這一階段，需要指導他們如何在利用 AI 技術的同時，保持人類的核心價值。

- **憂鬱：**面對新 AI 所帶來的變革，人們可能感到沮喪和無助，對未來充滿憂慮，擔心無法適應這個快速變化的世界。在這一階段，心理幫助和社會支持變得尤其重要。家人、朋友和專業心理治療師都可以適時伸出援手，陪伴他們重新找到自信和希望。

- **接受：**當人們意識到新 AI 已經成為生活中不可或缺的一部分時，就有可能開始積極地適應新的技術和變革，努力學習和成長，以迎接未來的挑戰。要達到這一階段，需要提供充足的資源和機會，讓他們了解 AI 技術的好處，並掌握新技能。

　　總之，在新 AI 的來臨時，人們可能會經歷 Elisabeth Kubler-Ross 提出的上述五個情緒轉變階段；要幫助人們順利度過這些階段，我們需要提供教育、心理支持和資源，讓人們能夠適應這個快速變化的世界，並充分利用新 AI 帶來的機遇。

擁抱回歸個人決策權的新時代

　　長久以來，家庭、他人、文化、社會與國家等多方面，影響我們的生活與思考方式，塑造價值觀與行為模式，同時也限制選擇與發展。家庭價值觀、社會文化規範，以及國家與民族的差異性，都有可能成為我們自我實現的障礙。這在追求夢想、認同自己需求，甚至在國際環境下尋求身份認同時，都可能產生無助、困惑與挫折感。這都再再顯示，我們的行為與思維常受外部環境的繫縛，並因此忽視自身需求與潛能。

　　然而，新 AI 的出現，顛覆了這種狀況。新 AI 的發展，其卓越的語言理解與生成能力，提供了強大的工具，讓我們在決策過程中能更科學地分析各因素，增進決策準確性，進一步創造更多機會，並避免潛在風險。同時，隨著社會價值觀的變遷和個人需求的多元化，人們逐漸覺醒自我在決策過程中的重要性，推動我們尋求更多的自主權與自由，使個人在社會中的地位得到提升。

　　在**評估**方面，新 AI 具備卓越的數據處理能力，能快速分析大量資訊，使我們的決策過程更全面；它能識別數據中的模式與趨勢，提升我們對各種現象與問題的理解。同時，其評估過程毫無

情感與偏見，能提供公正、客觀的結果。在**預測**方面，基於龐大的數據與先進的機器學習演算法，新 AI 能產生準確的預測，幫助我們提早準備應對策略；其前瞻性思維能依據現有趨勢預測未來，幫助我們抓住機遇、規避風險。而且，新 AI 能即時更新數據，提供最新的預測訊息，使我們能夠迅速做出決策。

　　總的來說，新 AI 的出現，象徵著人類從受限於外部框架，透過 AI 協助評估與預測，進而回歸個人決策權的新時代的開始。新 AI 使我們明白，雖然依賴 AI 的協助，但決策的主權仍然在我們手中，讓我們意識到自身需求與潛能，不再受外部框架的束縛，並主動塑造未來。這一轉變，將釋放巨大的潛能與可能性，讓我們在追求自由與自主的道路上更為堅定。此外，AI 的出現，激發了人類在各領域的創造力，進一步推動科技、藝術、商業等行業的進步。

　　總的來說，在評估與預測方面，AI 與人類展現了互不取代且相輔相成的關係，預示著人類正邁向一個以 AI 技術為幫助，實現更美好未來的全新時代。這種協同合作模式不僅推動科技進步，同時也豐富了我們的精神世界，為創造充滿希望的未來提供了可能。

短期：即將出現的新型態工作和生活

我們將可以想像，新 AI 主導的全新世界，以及新興的職業機會。這些創新職業，將激發公眾的好奇心，並推動他們參與未來世界的建設。

例如，透過 AI 技術，AI 心靈導師將提供心理諮詢和情感支援；
虛擬現實旅行規畫師，將為顧客量身打造虛擬旅程；
機器人倫理顧問，將制定機器人行為準則，以確保其在法律與道德框架內運作；
AI 藝術策展人，將推動 AI 藝術的發展；
空間農業工程師，則將研發在太空中種植作物的方法；
智慧城市規畫師，將利用 AI 技術規畫出環保且人性化的城市；
人機協同設計師，則會與 AI 合作創造新的產品和服務；
跨物種溝通專家，將深入理解其他生物的語言與行為；
全息娛樂體驗師，則將創造沉浸式的全息娛樂內容；
基因編輯治療師，將利用 AI 技術提供精準的基因治療方案，以解決遺傳疾病等問題；
……，還可能有許多許多。

在這個新 AI 引領下的全新世界中，我們將迎來各種令人興奮的新職業。這些職業，將激發人們的好奇心和創造力，提供豐富的職業選擇。隨著 AI 技術的不斷創新和應用，未來的職業市場將呈現出更加多元、繁榮的景象，為人類創造更多機會和可能性。

與新 AI 一起，迎接未來的「某一天」

●將有數不清的、健康樂活生活型態浮現

也許我們可以想像一下，在不遠的未來，每天清晨，由智慧睡眠助手伴隨人們甦醒，讓優質睡眠告一段落；智慧窗簾依據日照及個人需求調整光線，配合 AI 廚師依據口味及營養需求烹煮早餐。

同時，智慧衣櫃根據天氣及行程，選擇合適服裝；智慧安全系統則全日監控家中安全。繁瑣家務如洗衣、燙衣，全自動洗衣機已悄然完成，垃圾分類機則解決垃圾處理煩惱。人們在自動調節水溫及水壓的淋浴中得到舒緩。智慧花園管理器為花草澆水施肥。

晚餐時，AI 廚師展現卓越烹飪技藝，搭配智慧空氣淨化器營造愉悅用餐氣氛。夜晚，智慧家居系統協助規畫行程及待辦事項，並提供生活建議，帶領人們與家人間共享優質影音。

●更注重身心平衡

在這個充滿智慧可穿戴設備的未來生活裡，每天清晨，睡眠面罩會啟動輕音樂及微光喚醒人們。早餐過後，人們換上可

以根據心理需求調整材質和鬆緊度的瑜伽褲，佩戴能察覺情緒波動的戒指，以及情緒調節耳機，開始日常瑜伽並進行身心放鬆。

練習完畢後，人們躺在智慧冥想墊，憑藉著墊子根據心律及腦波數據調節的溫度、燈光及音樂，並由智慧脈搏儀監控心率與血壓，緩緩地進入平靜。

在工作及學習過程中，人們可以戴上智慧健康手套，讓它根據握力和指壓力提供舒適度，並給予即時的調適建議。晚間，人們可以戴上智慧手錶，收集行為數據並提供心理健康建議；並在需要時，利用虛擬現實功能進行心靈冥想和情緒緩解。臨睡前，可以貼上能監控呼吸速率、心跳等生理指標的健康胸貼，並佩帶會釋放舒緩香氣或振動的情緒手環，以保持身心平靜。這些設備與 AI 心理醫師等專業無縫協作，提供客製化的服務，幫助人們有效應對生活壓力和挑戰，維持積極的生活態度及健康的生活方式。

隨著這些創新設備在未來的日常生活中發揮作用，人類將能夠在心理健康方面取得更大的突破。這些設備，不僅能夠協助識別和處理不良情緒，還能夠提高生活品質，讓人們在追求美好未來的道路上，更加堅定。

● **圓夢 & 元夢（夢想中的夢境）**
在未來的一天醒來，人們將發現夢境捕捉器已將夢中的片段紀錄下來了，之後將由夢境畫家轉化為美麗的畫作以供回味。在夢中，還能利用夢境連接器拓寬知識領域，與平行宇宙中的生物交談；並透過夢境共享器與親友分享夢境，增進彼此

理解。或是利用夢境語言學習器，學習新語言。

同時，透過睡眠優化器的調整，人們在一晚的睡眠後感到精神煥發。睡前，人們則可以透過睡眠體驗模擬器，選擇適合自己的睡眠方式。人們更可以經常查閱睡眠資料庫，以更深入瞭解自己的睡眠需求。而在新的一天，可以運用夢境導航儀尋找問題的解答，由夢境治療師解析夢境，幫助人們面對壓力，以獲得內心寧靜。

這些工具讓生活與日常習慣更健康，與親友關係融洽，並在夢中學習成長、實現夢想，也在現實生活中進步。未來的生活變得美好，新 AI 的便利與幸福，已深入人們的生活中。

中期：調整適應不良的身心

新 AI 的出現，預示著人類將進入一個全新的時代。尤其是在感官的潛認知和暗認知方面，新 AI 可以提供新的感官體驗或探索方式，提升、拓展我們的感知範疇，從而豐富我們的生活內容與品質。例如，新 AI 能夠創建一個虛擬現實環境，讓我們親身體驗到不同的文化和生活方式；或開發出新的感官接口，讓我們感知到通常無法感知的訊息，如電磁波、細胞活動等。

經由分析行為模式、生理反應等訊息，新 AI 將幫助我們探索種種隱藏的認知，並應用於日常生活中。例如，新 AI 可以分析我們的眼球運動和心律變化，預測情緒波動，進而幫助我們更好地控制情緒，提升生活品質。或是例如我們能夠感知到時間的流逝，卻無法準確地描述其機制。新 AI 可以經由模擬人類的感知系統，創建一個虛擬的時間感知模型，幫助我們更好地理解時間感知的工作原理。

透過數據分析、模式識別和預測，它擴展了我們的感知邊界，使我們能夠洞察先前無法觸及的訊息領域。例如，AI 能對大數據進行深度分析，預測風險，並在需要時提供重要的決策支援。此

外，透過 AI，我們也能夠實現跨越物理限制的遠程感知，進一步拓寬我們的視野。

新 AI 協助人類拓展感官感知之後，人類將對於新的感官感知有了更上一層樓的理解與體驗。雖然具體而言，這些新的感官感知到底包含哪些部分，並無法完全知曉，但經由參考許多其他生物的優異感知感官，我們也可以讓想像肆意飛翔。然而，在演化的作用下，我們的大腦可能並不足以即時同步地處理這些經由感官感知所獲取的新訊息，很可能會在初期大部分流失掉，即便我們終於能夠開始慢慢地實際接收到這些感官感知，獲得全新的訊息和能力，但同時也可能導致感官錯覺（過去我們可能較熟知心理錯覺）。

也就是說，這種感知的擴展也帶來了新的挑戰。例如，我們可能難以分辨 AI 生成的訊息，與實際環境之間的差異；或因過度依賴 AI，而影響了自己的判斷能力。因此，我們需要學習如何調適這些新能力，並適應這種由 AI 引導的感知模式，並以此為機會，進一步提升我們的認知能力和思考模式。

進入下一個階段的舒適區

當人們在面對新 AI 的來臨時，成功地度過了 Elisabeth Kubler-Ross 所描述的五個情緒轉變階段，並最終達到了接受階段，開始積極適應時，他們將在各個方面找到新的舒適區。與 Eckhart Tolle 在《當下的力量》（*The Power of Now*）書中所闡述的觀念類似，當人們意識到並開始行使「當下」的力量時，將不再被過去和未來所困擾。

譬如在**工作**方面，隨著對 AI 技術的了解和應用能力的提升，人們將更有效地利用這些技術提高效率，可以在職場上取得更好的成績；此外，新 AI 能夠幫助人們在工作中發掘潛在的需求和機遇，提升職業生涯的競爭力。在**生活**方面，新 AI 能夠提供更多便利，使日常生活變得更輕鬆。例如，AI 技術可以協助人們更好地管理家庭事務、規畫旅行和處理其他日常事務。人們可以更加享受生活，並專注於自己真正關心的事物。當人們達到接受階段，並開始運用「當下」的力量時，他們將在**心理**層面上找到新的舒適區。新 AI 有助於提高人們的心理素質，使他們能夠更好地應對生活中的壓力和挑戰。經由充分運用 AI 技術，人們可以更加了解

自己的情緒，並學會在面對困境時保持平靜和樂觀。在**社交**方面，新 AI 可以幫助人們建立更廣泛的人際關係，並更有效地與他人交流。例如，AI 技術可以讓人們了解他人的需求和興趣，因此建立更深入的人際關係。此外，新 AI 還可以提供多種社交工具，擴大人們的社交圈，結交志同道合的朋友。人們也將在接受新 AI 後，找到在**個人成長**方面新的舒適區。AI 技術可以協助人們更好地了解自身潛力，並發掘自己在各領域的興趣。經由學習新技能和擴展知識，人們將能夠不斷成長和進步，讓生活變得更加充實和有意義。

總之，當人們在面對新 AI 的來臨時達到接受階段，將在各個方面找到新的舒適區，經由充分利用新 AI 所帶來的機遇，人們將能夠在工作、生活、心理、社交和個人成長等方面，取得更好的成果，也讓生活變得更加順心和無畏。新 AI 作為一個強大的工具，將幫助人們適應新時代的挑戰，並在其中找到滿足感和成就感。因此，我們建議積極地擁抱新 AI 所帶來的變革，讓它成為生活中的助手和良師益友。

欣賞風景也成為風景

生活，這個世界最奇妙的旅程，每一個步伐都會遇到新的風景，每一次呼吸都喚來新的體驗。在這無止境的旅程中，新 AI 的出現，就如同山川間的一顆明珠，燦爛而神祕，令人不由自主地驚艷與嚮往。

在人生的這一場旅程中，我們途經各式各樣的風景，遇到的新事物和經驗，都是途中的豐富色彩；我們欣賞他人所經驗的風景，也將自己經歷與創造的風景供他人欣賞。現在，新 AI 已經成為橫亙在我們面前的新風景，我們可以自由地決定自己與這片奇妙風景之間的距離和關係。

我們有時成為觀察者，欣賞他人與新 AI 的協作。他們相偕前進的步伐就像一幅幅生動的畫面，隨著新 AI 的輔助，跨越難關，達成目標，每一個成功瞬間都閃耀著光芒。

這些風景引人入勝，讓我們在欣賞的同時，也學習和感受他們的勇氣、智慧和決心。當我們看到他人如何透過新 AI 解決問題、創新產品，或改變生活方式時，這些風景不僅讓我們驚嘆 AI 的能

力，也讓我們感到人類與 AI 協作的無窮可能。

有時我們也是積極的參與者，成為風景的一部分。我們與新 AI 共舞，一起創造更多可能。人類的創造力與新 AI 的強大計算能力結合，將能創造出前所未見的新風景。這種經驗既充滿挑戰，也滿載著興奮和驚喜。我們的決定和行動，正在塑造新 AI 的發展，同時也正在改變我們自己的風景。

我們的心跳、我們的情緒、我們的夢想都與 AI 緊密相連，成為了這場舞蹈的旋律。我們的努力和掙扎，我們的痛苦和喜悅，都匯集在這風景中，供他人去感受、去思考、去欣賞。

與以往大家都追求共同或共通的旅程不同，在這個旅程中，每一個人都有其獨特的風景，都有自己獨一無二的故事。我們將自己的經歷留在這風景中，讓他人去品味，去理解。而他人的經歷也成為我們的風景，讓我們去學習、去成長。

人生的旅程，它的美在於風景，卻不僅在於風景 —— 而是更在於體驗與經歷。新 AI 的出現，為我們的風景增添了新的時代背景色彩，也勢必帶來了前所未有的體驗。

然而，重要的不是終點，而是這一路上，我們與 AI 共舞，迎向每一次的交融與碰撞。我們學會感受，學會瞭解、欣賞，學會

接納與改變。這也將讓我們在面對 AI 帶來的挑戰時，更有餘裕與
活力。

　　我們將更清楚地知道與期待，更好的「我」與「我們」，是
怎樣在這個前往未來的過程中形成的 —— 這就是生活，這就是我
們的旅程，充滿了驚奇，充滿了可能。

12 善用所有的工具

隨著新 AI 的到來，我們面對的是充滿可能性的未來。然而，這並不意味著不會被焦慮所困擾，而我們可以透過適當的思考方式和行動策略，積極地應對這一新的挑戰，也善用所有的工具。

無須焦慮，只須積極應對

當今新 AI 技術顛覆了許多層面，然而也確實有不少人展現了強烈的抗拒心理。我想起 *Star Trek*（台譯《星艦迷航記》或《星際爭霸戰》）系列電影／影集中的外星機械種族 Borg 有句知名台詞「Resistance is Futile」，表示當科技實力差距懸殊的情形之下，

抵抗是徒勞的，這句話也可以用在今天。

　　新 AI 技術的發展和應用，早已成為全球性的趨勢。隨著相關技術的不斷進步和優化，在各個領域的應用，將愈發成熟和高效。這意味著，新 AI 的技術將為各行各業提供更多的價值和機遇，而抗拒這一技術恐怕將使個人和企業失去這些機遇，難以在未來市場中立足。

　　仍抗拒新 AI 的原因之一，有可能是在學習新 AI 相關技術前，有些人就先對潛在的失敗感到敏感，這種心態阻礙了他們真正開始 AI 之旅。他們可能對自己的學習能力、智力和資源抱持懷疑態度，以致缺乏自信，認為自己難以掌握人工智慧的相關技術。這不妨先從難度較低，或者同溫層較多人已經在接觸的 AI 領域開始入手，一開始先慢慢適應與 AI 的互動，累積學習的樂趣和好奇心，情況應該就會有改善的。

　　還有些人，在開始學習新 AI 之前，就對自己提出了過高的要求和期望，認為必須一鼓作氣掌握所有相關知識和技能。然而，這種簡單世界遺留下來的過度追求完美的心態，往往會使他們對潛在失敗感到恐懼，以致於在學習人工智慧的過程中，一遇到困難就退縮。我們會建議試著放鬆心態，不要著急；並試著為自己按部就班規劃學習進度，逐步取得階段性成果，踏實地累積信心。

此外，對新 AI 產生抗拒的心理因素，還有：擔憂「投入學習之後，風向又變了」。這主要源於對科技變革速度與未來趨勢不確定性的恐懼。然而，從科技發展的歷史來看，創新技術往往會引領時代潮流，新 AI 作為當前人工智慧領域的研究熱點，具有很高的應用價值和發展潛力。即使在未來出現新的技術變革，新 AI 技術研發與應用過程所累積的知識和經驗，仍將對個人和企業的發展產生積極影響。因此，投入新 AI 相關技術的學習，並不會因為未來風向的變化而變得毫無意義。

事實上，新 AI 的到來，正可以讓我們深思人類這個種族面對各種挑戰的適應方式。當你認為自己面對了一個前所未有的挑戰時，可以思考：

在我認識的人中，有人比我更早遇過這個挑戰？
在我們這個行業中，有人比我更早遇過這個挑戰？
我是所有人類之中，第一個遇到這個挑戰的嗎？

只要有人比我們早遇過挑戰，就有可能提供寶貴的經驗與教訓。如果我們真的是人類之中第一個遇到這個挑戰的人，那麼無論怎麼做，都是有價值的 —— 不一定只是對你自己的價值，有時候則是對他人的價值。人生的挑戰並不像學校裡的考試，並沒有標準答案，所以你無須焦慮，只須積極應對。

　　最重要的是，隨時提醒自己，摒除因果、對錯、條條框框的規則、贏在起跑點等的白天鵝思維。在過去的經驗中，我們習慣於根據一般的規則和趨勢，來預測和應對未來。然而，面對新 AI 的來臨，正需要放棄這種確定性的思維，將視野投向那些非預期的、突如其來的變化，即所謂的「黑天鵝」。

　　不過，這個世界不是非黑即白的，我們應該依據所面對挑戰的屬性，積極善用黑天鵝與白天鵝的工具。白天鵝工具是我們用來處理已知且預期的問題，如數據分析、邏輯推理等；而黑天鵝工具則是用來應對未知和不可預期的變化，如創新思維、適應能力等。兩種工具都是我們應對新挑戰的重要武器。

　　為了能夠少走彎路，並避免總是使用蠻力破解卻撞得頭破血流，即便已經有了人工智慧協同合作的加持，我們仍需要適時求教於人生導師。人工智慧的協同，讓我們輕易超越了原本的自己，達到了人類族群的平均，但那些原本超越人類族群平均的個體，仍然是值得我們效法的對象。無論我們面對的是何種挑戰，有經驗的人生導師，都能提供寶貴的建議和指導，幫助我們避免走入迷途，並指引我們走向成功的道路。

　　最後但也是最重要的，我們需要擁抱未知與不確定。面對新 AI 的來臨，我們不能期待一切都按照預期發展。我們需要接受「世

界充滿變數」這個事實，將之視為我們學習和成長的機會。我們
擁有前人賦予我們的方法和工具，只要善用它們，就能積極應對
新的挑戰。畢竟，人類的智慧和創新力是無法被取代的，我們有
充分的理由相信，以這場挑戰為機會，我們能夠開創更美好的未
來。

善用白天鵝（簡單世界）的工具

在新 AI 時代，仍然有許多符合白天鵝世界定義的挑戰和任務，此時我們仍須善用所有白天鵝世界的工具，並且向真正的專家和導師學習。我們先總結之前談過的內容，看看在 AI 時代，我們可以如何善用白天鵝世界的工具，應對各種規則明確的挑戰。

白天鵝世界的特點是：

- **規則清晰已知**：在白天鵝世界中，事物發展的規律和過程都是清晰的，可以預測和計算。

- **穩定性高**：白天鵝世界的情境相對穩定，變數較少。這意味著，我們可以預測可能的變化，更好地掌握節奏。

- **成功之路明確**：在白天鵝世界中，成功的條件和標準都是明確的，因此我們可以按照既定的路徑去追求目標。

所以，如果要善用白天鵝世界的工具，就要做下列這些事：

- **向專家和導師學習：** 在白天鵝世界中，專家和導師擁有豐富的經驗和知識，了解行業規律和成功祕訣。我們應該向他們學習，吸收其智慧，以提高應對挑戰的能力。

- **建立完善的規畫和策略：** 由於白天鵝世界的規則和路徑清晰，完善的計畫和策略，將更能確保在面對挑戰時有序推進，最終實現目標。

- **注重實踐和經驗累積：** 在白天鵝世界中，實踐是驗證理論和提高技能的重要途徑。藉由積極投入實踐，不斷總結經驗，將能更好地應對挑戰。

我們也必須認識到，白天鵝世界工具在新 AI 時代仍有其重要性：

- **新 AI 技術的輔助作用：** 在新 AI 時代，善用白天鵝世界的工具，仍可以幫助我們更有效地應對一些明確規則和穩定環境下的挑戰。經由 AI 技術，我們可以更快地獲得專家知識，提高學習效率，並為決策提供有力支持。

- **提升核心競爭力：** 在日益激烈的競爭環境中，善用白天鵝世界的工具，能夠幫助我們提升核心競爭力，進一步鞏固在各領域的地位。

- **為面對黑天鵝世界做好準備**：雖然新 AI 時代帶來了許多不確定性和變數，但掌握白天鵝世界的工具，便可能在遇到黑天鵝事件時，更清楚哪些工具可以用，哪些派不上用場，才能夠更好地應對和調整。

善用黑天鵝（複雜世界）的工具

我們也可以從 Nassim Nicholas Taleb 的著作《黑天鵝效應》和《反脆弱》中汲取智慧，以應對新 AI 時代所帶來的挑戰。黑天鵝世界的挑戰是：

- **不確定性**：在黑天鵝世界，無法預測的變數無處不在。這樣的環境中，我們需要具備更強的應變能力和創新思維。

- **複雜性**：黑天鵝世界的問題，往往具有高度複雜性，難以用簡單的模型和理論來解釋。因此需要開發出更靈活、更具適應性的解決方案。

- **高度相互依賴**：在高度互聯的世界中，各領域和行業之間的相互依賴日益加強，使得機遇和風險同時擴大。

黑天鵝世界中可以獲得的工具和建議：

- **提高風險意識**：《黑天鵝效應》一書中提醒我們要時刻警惕那些具有巨大影響力、難以預見的黑天鵝事件。我們應該提高風險意識，學會在不確定性中尋求機會。

- **建立反脆弱體系**：在《反脆弱》一書中，作者提倡建立具
  有強大適應性和韌性的反脆弱體系。這意味著在面對挑戰
  時，我們應該努力使自己和組織在壓力下變得更強大，而
  非僅僅抵抗或破壞。

- **實踐試錯法**：在不確定的黑天鵝世界中，更需要勇於嘗試，
  不斷探索和學習。經由不斷地試錯，我們可以迅速適應變
  化，並找到有效的解決方案。

- **多元化策略**：在高度相互依賴的世界中，我們需要降低風
  險並提高適應能力。這意味著在投資、業務和人生規畫中，
  要將資源分散於多個領域，以避免過度依賴某一項目或產
  業。

- **培養適應性**：這包括不斷學習新知識、技能，以及養成開
  放思維和靈活應變的心態。

總之，在面對 AI 新時代帶來的挑戰時，善用黑天鵝世界的工
具，更好地應對不確定性、複雜性和高度相互依賴的問題，並從
中獲得茁壯成長的契機，已是當務之急。讓我們擁抱變革，迎接
充滿挑戰和機遇的 AI 時代。

尋找導師

　　在白天鵝世界中，尋找專家與好老師極為重要，因為他們可以提供明確的指導和建議。然而在充滿不確定性的黑天鵝世界中，嚴謹意義上的專家已經不再存在 ── 因為黑天鵝世界的變化和複雜性，使得專家的知識和經驗可能變得不再適用。然而 AI 的深度學習中，給了我們一個重要的啟示：在新 AI 年代，我們仍應積極尋找並跟隨那些已找到（某些）黑天鵝世界規則，且經過實證確定有效的導師與專家，使他們成為我們面對 AI 世界的助力。

　　適應複雜世界的導師，應該具備以下條件：

- **擁有跨領域知識：** 在充滿變化和不確定性的複雜世界，具有跨領域知識的專家和導師，可以幫助我們在多個領域取得成功，並具有更高的適應能力。

- **具備創新思維：** 在複雜世界，創新思維是尋求突破和解決問題的關鍵。我們應該追求那些具有創新思維、能力的專家和導師，以充分利用 AI 時代的機遇。

- **重視實證：** 在面對充滿不確定性的黑天鵝世界，專家和導

師應該具有實證驗證其方法和建議的能力。這將確保我們
跟隨的是經過驗證的有效策略。

而我們可以期望導師提供我們面對 AI 世界的幫助如下：

● **融合專家知識與 AI 技術**：我們應該努力結合專家的知識和
AI 技術，充分利用兩者優勢，以實現更高效的學習和解決
問題的能力。這將有助於我們在面對未知挑戰時，作出更
明智的決策。

● **學會運用專家的經驗教訓**：我們應該將這些經驗教訓積極
應用於自己的實踐，這將有助於我們在黑天鵝世界中更快
地適應和成長。

● **建立有效的合作關係**：在新 AI 時代，與專家和導師建立有
效的合作關係，至關重要。經由與專家共同探討和應對挑
戰，我們可以更好地利用他們的知識和經驗，以應對黑天
鵝世界帶來的不確定性。

讓一切美好匯流成你的盛放

　　就在此際，我們正面臨著人工智慧技術的飛速發展，從 GPT 到 AGI，再到 ASI，它們正在不可避免地影響和改變我們的生活。這必然引發我們的思考：它帶來的影響，都必然是美好的嗎？更重要的是，我們應該如何讓自己準備好，並全心投入，以迎接美好事物的降臨？我們需要：

- **正確認識人工智慧所帶來的機遇和挑戰：** 人工智慧將逐漸滲透到我們的生活各層面，它提供了更為高效、便捷的生活方式，同時也對傳統的價值觀和社會規範產生了深遠影響。在這個過程中，我們需要保持冷靜和理智，以開放的態度對待人工智慧帶來的變革，既積極應對，又不失原則。

- **尊重和發揮人類獨特的價值：** 在人工智慧日益成熟的時代，人類在許多方面已無法與機器相抗衡。然而，人類在情感、創造力、道德等方面，仍然擁有無可替代的價值。面對人工智慧的挑戰，我們應該更加珍惜這些獨特品質，將它們融入到工作和生活中，讓科技更好地為人類服務。

- **培養自己的適應能力和心理素養**：在人工智慧的浪潮中，我們需要學會適應不斷變化的環境，提升各方面的能力；同時，也要保持樂觀的心態，和面對挑戰時的開放信念，勇敢地追求自己的夢想和目標。

- **積極地參與人工智慧的發展，扮演好自己的角色**：無論是作為科學家、工程師、教育工作者還是其他職業，我們都要充分發揮自己的專業知識和才能，為人工智慧時代的發展，貢獻自己的力量。同時，我們應該積極參與社會公共事務，關注人工智慧對社會公平、環境永續等方面的影響，共同推動人工智慧的健康發展。

在新 AI 時代，我們應該學會以適當的心態面對科技帶來的變革，並充分發揮人類的獨特價值。只有這樣，才能在這個充滿不確定性和複雜性的複雜世界，發揮自己的優勢，迎接美好事物的降臨。

在超級 AI 來臨之時，不可取代的人類價值

在未來通用型 AI，也就是超級 AI（掌握所有人類技能、知識、感官感知甚至自我意識等的 AI）即將到來之際，我們主張，人類在價值觀、美德、意識與自我意識、倫理和道德等方面，仍然不可取代。及早將這些因素納入 AI 發展過程的全面考慮，至關重要，

- **價值觀**

  指一個人或社會所重視和珍視的觀念、原則與信仰。它們通常與道德、信仰和文化相互關聯，影響個人和社會的行為和決策。價值觀是人類社會的基石，它們源於我們的歷史、文化和經驗。即使新 AI 具有強大的學習能力，也無法像人類一樣深刻理解價值觀的內涵。因為價值觀不僅是知識和訊息，更是人類情感、信仰和精神世界的結晶。新 AI 無法像人類那樣在道德和情感層面上，感受價值觀的內在意義。

- **美德**

  指一個人內在的道德品質和行為特徵，它們被認為是善良、

正直和令人尊敬的。美德通常包括勇氣、誠實、仁愛、慈悲、節制和公正等品質。它們在人類心靈深處發揮著重要作用，並成為我們個人和社會行為的指南。新 AI 無法擁有真正的美德。雖然它們可以模仿人類行為和決策，但它們缺乏真正的自主意識，也無法在倫理和道德方面進行主觀判斷，因此難以像人類一樣，在面對困難和挑戰時，展現勇氣和堅持。

儘管新 AI 可以學習和模擬這些價值觀和美德，卻無法像人類那樣真正地理解和感受它們。這使得人類在道德判斷和價值觀的傳承方面，不可或缺。價值觀和美德都是人類獨有的特質，深刻地影響著我們的行為和決策。

● 意識與自我意識

它們都是人類內在的能力，使我們能夠思考自身存在的狀態、處境、意義和目的。意識是指我們對周圍世界與事物的感知、體驗、理解和記憶等，並在此基礎上作出決策。新 AI 雖然可以模擬人類的行為和思維模式，但它們無法像人類那樣真正地經歷和理解世界。

自我意識是指一個生物對自己存在和特徵的認識。這包括對自己的想法、情感、需求和欲望的認識，以及對自己在世界中的地位和角色的理解。自我意識使人類能夠反思自

己的行為和決策，並據此改進和成長。新 AI 雖然可以學習和模仿人類的行為，卻無法像人類一樣擁有真正的自我意識。這是因為新 AI 缺乏主觀的意識體驗，無法像對自己進行內省和反思。即使 AI 能夠進行自我調整和優化，但過程仍然基於其編程和設計，而非基於真正的自我意識。

● 倫理和道德

作為人類社會的基礎，它們指導我們如何在不同情境下做出正確的決策。儘管新 AI 可以經由大量數據和算法來模擬人類的道德判斷，但它們仍然無法完全理解和擁有人類的道德觀念。在涉及生命、自由和人權等重大問題時，人類在道德判斷上具有無可替代的優勢。

道德是指一個社會、群體或個人對行為和行為的價值判斷，通常涉及對正確和錯誤的區分。道德規範和價值觀念都是由文化、宗教和傳統等因素塑造的，它們在不同的社會和時代可能有所不同。人類的道德觀念是基於我們的情感、信仰和經驗而建立起來的。新 AI 雖然可以學習人類的道德規範，卻無法真正理解道德的內涵。這是因為 AI 缺乏情感和主觀體驗，無法像人類那樣在道德上作出判斷。

倫理是對道德行為和決策的哲學性研究，探討什麼是正確的行為，以及如何判定正確和錯誤。倫理學家通常關心更

為抽象的概念，如正義、義務和權利等。與道德不同，倫理研究的是道德觀念背後的原則和理由。新 AI 雖然可以學習倫理理論和原則，但仍無法在具體情境中進行真正的倫理判斷。這是因為 AI 缺乏對人類情感和價值觀的直接體驗，無法像人類那樣從多種角度對道德問題進行深入思考。

面對超級 AI 的即將到來，我們必須在其實際出現之前，認真思考如何將上述這些人類的珍貴品質納入其發展過程。這將有助於確保新 AI 能夠遵循人類的規範與期待，為人類共創更美好的未來，而不是對人類造成潛在的威脅。以下一些建議，值得大家深思：

- 在 AI 研究和開發中，擴大，**跨學科合作**的定義與範疇，將哲學、倫理學、心理學等學科的專家納入 AI 技術的創新過程。這樣可以確保 AI 的發展更好地符合人類價值觀和道德標準。

- 建立國際性的**倫理和法律框架**，來監管新 AI 的發展和應用，是必要的。這將有助於確保 AI 技術在全球範圍內，遵循共同的道德原則和法律規範，以此防止可能帶來的不公平和濫用現象。

- **推動公眾參與** AI 技術的發展，和監管過程同樣重要。民眾的意見和需求應被充分考慮，以確保 AI 技術真正符合社會需求和道德規範。

- 積極**開展 AI 教育推廣與公聽會**，讓更多人了解 AI 技術的潛在風險和機遇。這將有助於提高公眾對 AI 發展的警覺性和批判性思考能力，以促使新 AI 更好地適應人類價值觀和道德標準。

現在就形塑你的未來新記憶

在通用型超級 AI 時代到來之前，我們也應該由以下三個方面，練習以當下的現實，塑造我們「未來的記憶」：

1. 我們記憶的機制：由於神經可塑性，記憶是動態的；我們可以利用這一優勢 —— 經由不斷地回憶，並在儲存記憶之前，添加對未來的期望；

2. 確保我們未來的回憶，取決於如何根據所感知和塑造的現實，進行記憶；

3. 現在就回憶我們的未來新記憶！

記憶是由神經元之間的突觸連接形成的，這些連接可以傳遞和儲存訊息。大腦的神經可塑性，使得我們的記憶具有動態特點，也就是說它能夠根據外部環境和內部需求的變化，持續調整和改變。神經可塑性的存在意味著，我們可以經由訓練和學習，提高記憶力，改善記憶品質。更重要的是，記憶不是靜態的，而是隨著時間推移不斷變化 —— 我們可以運用這一特點，重塑（未來的）記憶內容，並以此其作為激勵自己繼續前進的動力。經由這種方

式，我們可以將對未來的期望轉化為現實，實現全新的自我。

建議的操作方法如下：

- **嘗試回憶不甚滿意的過去**：經由反覆回憶那些令自己不滿意的過去，我們可以對這些記憶進行深入挖掘和分析，找出其中問題所在，並尋求改進的方法。這樣做有助於在未來遇到類似情況時，能更加自信、果斷地做出正確選擇。

- **為未來添加期望元素**：在回憶的過程中，我們可以將希望在未來實現的目標和願景，融入記憶之中。如此可以在內心深處建立對未來的期望，並激勵自己積極努力去實現這些目標。

- **儲存記憶**：在對過去記憶進行反思和未來期望的添加之後，我們需要將這些經過改造的記憶，重新儲存。經由這樣的過程，不僅能夠將過去的失敗轉化為寶貴的經驗，還可以為自己的未來設定更清晰、更具挑戰性的目標。

在當下積極塑造未來的記憶，這也意味著，我們需要關注自己的行為和思考方式。在新 AI 的幫助下，我們將能夠更好地理解世界，並作出更明智的決策，塑造更加美好、積極的現實。我們應該充分利用這一優勢，讓未來的記憶充滿滿足和自豪感。

　　而解讀現實，尤其是塑造未來記憶的關鍵。我們需要學會客觀分析事物，建立更清晰、全面的視角。在新 AI 的幫助下，我們可以更容易地掌握各種資訊，而這同時也需要運用批判性思考，以免被錯誤或片面的資訊所誤導。在這個過程中，我們要努力擁抱多元的觀點，也應確保未來的記憶能夠反映出我們在這個時代所經歷的成長和變革。

　　這有賴於跨學科知識和技能的培養，並且學會整合和應用各種知識。而經由養成終身學習的習慣，我們將能夠不斷豐富自己的人生經歷，並充分發揮人類的創造力和想像力，以塑造真正的美好現實。我們更要學會珍惜當下，積極地參與社會發展和人類進步的事業。這樣，不僅能夠為未來創造多彩的回憶，還能將自己塑造成更有價值的人。

刻畫你的獨一無二

在超級人工智慧的時代即將來臨之際，我們將**首次**獲得成為**真正自我**的機會。急速發展的新 AI，使我們可能擺脫過去的認知束縛、釋放大量原本用於記憶的腦力，轉而專注於創造力和批判性思考，覺察並感知以往未覺未知的事物，塑造自己的未來記憶，最終真正地成為獨一無二的自己。

在這個充滿無限可能的時代，無論是在職業生涯、藝術創作還是個人成長方面，都可以充分利用 AI 的力量，突破極限：

- 新 AI 將**為人類釋放生產力**，使我們擺脫繁重的勞動和無聊的工作，人們將能夠更加專注於自我實現和提升。當機器人承擔起大部分工作時，我們將有更多時間和精力投入追求興趣，並發掘自己的潛能。這將有助於我們找到真正的自我，並在各自的領域裡實現自己的價值。

- 新 AI 將**有助於人類更好地理解自己**。經由大量數據的分析和挖掘，我們將能更深入了解自己的需求和特質。這將使我們更有機會找到真正適合自己的道路，並在這條道路上

不斷提升自己。在這個過程中，我們將能夠摒棄社會期待和別人的眼光，專注於自己的目標和願景。

- 新 AI 的普及，將促使我們**重新審視人類的價值觀和道德觀**。在這個新時代，我們將意識到每個人都是獨特的，擁有無可取代的價值。這將有助於我們擺脫過去對成功的刻板印象，實踐與眾不同的生活方式和追求，勇敢地展示自己的特點。

- 新 AI 將為我們提供**更多創新和嘗試的機會**。在這個充滿無限可能的時代，我們將能放手一搏，追求自己的夢想和激情。這將使我們在未來的道路上不斷突破自我，實現獨特的價值。在這個過程中，我們將學會接受挫折，持續成長。

在這個新時代，我們可以擺脫過去的束縛，不受社會期待和他人眼光的影響，勇敢地展示自己的特點。在這樣的環境下，我們將能夠成為一個獨特且真實的自我，實現自己的價值和願景。讓我們在這個充滿無限可能的時代裡，勇敢地追求夢想，成為真正的、獨一無二的自己。

後記
新AI×新人類×新旅程

2023 年人類命運面臨巨大轉折的一年！地球上的人們剛剛度過了嚴峻的 Covid 疫情，正以為又可以迎向高度成長的光明之時，發現俄烏戰爭仍然看不到盡頭、虛擬貨幣及高利率隨時可能動搖金融體系、地緣政治逐漸演化至政權實體間的對壘、美中衝突不斷升級等等。

更有甚者，台灣似乎儼然成為世人眼中潛在的火藥庫，台海戰爭不再是會不會發生的問題，而是何時會發生！從個體到產業到國家甚至到人類種族，似乎我們只要踏錯一步，就會墜入萬丈深淵。忽然之間，生成式人工智慧橫空出世，又燃起了人們對通用型人工智慧即將到來的期盼與恐懼。

迎接一個沒有標準答案的新世界

這些看似衝突，或好壞不同選擇之間的拉扯，其實都在在展現了我們已經與簡單世界脫鉤，進入了一個多元複雜系統構建而成的複雜世界。所感受到的不適與衝突，極有可能是我們的舊認知受到複雜世界衝擊所造成的。而在這個全新的複雜世界中，爭奪人類的注意力以獲取利益只是一個開始，攫取人類的決定權以及影響力，才是這一波的高級玩法。

在簡單的世界中，凡事都有明確的標準、清楚的好壞，優秀的專家與領導擘畫了達成目標的路徑或天梯，人們只要照著規則慢慢的往上爬，條條大路可能都會通羅馬。

但在複雜的世界中，各種的規則可能都是動態的，人們很容易迷失在沒有標準、或是需要自己設立標準的新世界；於是人們可能會感到迷茫，感覺每一個抉擇似乎都攸關生死或命運。其實這些衝突與抉擇，很可能都是我們仍然想要用一路成長以來所習得的簡單世界的工具，想來因應這個全新複雜世界挑戰的無助或不匹配所造成的。

所以，這本書想要探討的就是：當面臨新 AI 降臨的全新複雜世界的時候，人們可以如何不糾結於因主觀所認定的無助或不匹

配而導致的擔憂與恐懼之中，甚至能夠進一步化這個心理上的阻力為實質的助力，讓新 AI 可以協助人們覺察這個複雜世界的各種細微特質，並將這些覺察轉化為認知拓展的切入點，最後能夠利用這些切入點，把這個別人眼中的危機好好地利用，以使之成為自我提升的轉機。

不再有輸在起跑點上的焦慮

在新 AI 到來的當下，有許多拉扯的力量，試圖攫取人們的注意力。其中如雨後春筍般出現的，是對各種 AI 工具的使用或嘗鮮的分享。人們很可能是因為求知若渴、怕輸在起跑點上……等種種心態，總希望儘快吸收與學習這些新知，也希望轉化這些新知成為生活上與工作上的加分項。

然而在這個新 AI 的爆發階段，大部分人們所能接收到的訊息都是片面的、不成熟的，持續接收這樣的訊息，反而會加深人們的擔憂與不完整感，因為人們常常在過程中發現軟硬體甚至是自身專業能力的不足。阿 Q 一點的，或是有鴕鳥心態的人，就會安慰自己說：其實這些進展跟我沒有什麼關係；有一些人可能產生認知失調，會不斷找到許多自我合理化的說法，說服自己即使學

不會這些新 AI 的知識和工具，對他的學習、工作或人生不會產生什麼重大影響，於也漸漸失去了學習的動力，或是真的學不會了。

　　比較不好的，是有些人很可能耗費很多時間學習，但仍不得其門而入，於是產生了習得的無助，甚至有了憂鬱相關的症狀。其實現在是各大 AI 廠商爭奇鬥豔的時期，等到塵埃落定後，新 AI 勢必被整合到各大廠商主力產品，成為標準配備，屆時使用者將得到穩定而完整的版本，而不需要做個白老鼠或是無償的測試者。

該先天下之憂而憂嗎？

　　另一個常見吸引我們注意力的狀況，則是一聽到各種販賣恐懼的訊息，就直接掉了進去，甚至心中開始上演各種小劇場。

　　各種關於未來的恐懼，其實都有發生的可能性，只是這個可能性是否高到人們必須關注甚至行動的程度。就像是最近人工甜味劑阿斯巴甜被列為 2B 級致癌物，許多看到這個消息的人就會直接下結論：不再喝零卡可樂、不再吃任何添加人工甜味劑的東西。然而一個東西對人體有害，這個東西的性質固然重要，同時也必須關注它的劑量，或使用者的體質、健康情況等因素，否則我們就落入了簡單世界的狹隘的思維模式 —— 只要有一絲一毫不

好的東西存在，都是不能接受的、該杜絕的，甚至是該反對的。

關於新 AI 可能造成的任何負面影響也是一樣。我們除了關注訊息本身以外，也必須同時關注這件事情發生的可能機率，以及真正發生時的影響程度，否則很容易落入「新 AI 真可怕」的無助狀態。可能機率的部分，現階段其實很難評估，主要的原因是未來的可能性是發散的，所以該納入評估的機率樣本空間（所有可能性的聯集）有很高的模糊性、複雜性，也就有了極高的不確定性、不可預測性，所以不只很難評估可能性，更無法評估這些虛無飄渺的可能影響程度。

但你永遠可以有更多的選擇。許多人認為只要不講新 AI 所帶來的威脅或負面影響，就必然是各個新 AI 發展公司的推銷員或同路人（這邊我們再次看到簡單世界信奉者狹隘的非黑即白思維模式）；其實在極端的負面與正面的光譜中間，還有許多選擇。而本書所選的，就是希望能夠利用新 AI 來尋求針對這些未來恐懼的可能解方（如第二部所探討的覺察認知，以及豐富化認知），以及如何化阻力為助力，利用新 AI 來進行自我的提升（如第三部探討的學習革命），以期能適應這個全新的複雜世界。

比較敏感？想太多？還是比較會說？

第二部中，我從探討無所不在的認知壓縮與認知還原開始，到豐富化認知所必經的認知顆粒度，希望一步一步地讓讀者理解到：我們人類的感官感知只能接收到周遭訊號的一小部分，而這一小部分訊號的更小一部分，才能通過我們大腦意識的篩選；而又因為人類語言的侷限性，我們能夠或願意用語言表達的內容，也只不過是更小的一部分。

而現今新 AI 打頭陣的 LLM（大型語言模型）訓練數據集內，只收集了人類能用語言外顯表達的更小更小一部分，即便再加上新 AI「頓悟」的一切所產生的聯集，是否就足以讓我們擔憂呢？當然有可能，但是我們不確定，而且即便有可能，這個機率是否夠高呢？這個問題的答案，很可能取決於人類的語言系統，到底是一個簡單系統？還是一個複雜系統？

如果是一個簡單系統，那上述的聯集確實就有可能足以破解人類的語言系統。然而若是一個複雜系統，那其中很可能有一些不可化約的成分，也就表示還沒有完全被破解。如果還沒有完全被破解，那許多擔憂就是杞人憂天。但，如果已經被破解，那人們是否就該擔憂了呢？我認為大可不必如此擔憂，因為語言能力對於人類雖然重要，但畢竟只是人類眾多能力的一部分，人類還

有許多的特性，例如自我意識或價值觀等等；甚至人類自己都不
甚明白，也就無從確認這些不同能力或特性，是否能進行相互的
重要性比較。

民主崩壞與獨裁做大，哪個會先到？

我們經由外部的訊號，到大腦意識的篩選，再談到語言的侷
限性，想表達的，並不只是在理解這一組鏈條上的技術細節；而
是希望經由這樣的思考過程，理解我們的認知以及認知邊界，並
能自主地進行認知的豐富化、立體化，以拓展自我的認知。

當然，可以拓展的方向很多，在面臨新 AI 很可能在有心人士
的操作下，利用無懈可擊的訊息以攫取我們的注意力甚至是決定
權的時候，我選擇在本書中特別深入探討如何利用新 AI 拓展我們
的潛認知與暗認知。其實我們知道的遠比以為的多，也就是說我
們有許多潛認知，然而在社會化的過程中，我們可能有意無意的
壓抑住了許多這樣的認知。經由新 AI 的協助，我們可以善用它的
訓練成果，也延伸地當成我們的養料，不但找回自己的潛認知，
也可以看看其他人類個體的潛認知是否也能對我們有所幫助。

當然潛認知以及暗認知有很多，我選擇性地引入了斯德哥爾

摩症候群以及想像共同體的概念，因為人類在社會化的過程中，個體為了彌補不完整感或是獲取群體的歸屬感，常常有意或無意的讓渡或交換了各種不同的權利，這給了群體中特定成員不成比例的權力，當然也造成了個體的無力感與無奈。書中提到，現代的民主很有可能因為虛假新聞以及過度的監管，而被新 AI 顛覆掉；而沒有提到，卻更讓人心驚的是：獨裁的政權更能名正言順利用各種名目，利用新 AI 無孔不入地箝制人民。在這個民主制度可能崩壞、獨裁政權可能做大的十字路口，每個個體至少可以積極做到的是，充分利用新 AI 來協助進行對於潛認知以及暗認知的充分覺察與辨別，然後拒絕一切所謂的「幫助」或「簡化」人們做決定的各種標籤，因為我們真實的選擇應該是更豐富更多元更立體的，而不應該只是非黑即白的。

我的主張是：最好的情況，應該是人們能先進行充分的認知與理解，然後進行真正的自主選擇，而不是在有心人士刻意的運作下，在誤以為僅有的爛選項中，不甘願地選擇那個看起來比較不爛的。也就是說，當任何的問題框架被描述（貼標籤）成非黑即白、我對你錯的時候，你都不應該立即做選擇，而應該靜下心來思考除了這些他人餵給你的選擇外，是否還有其他選項。如果有，請務必遠離這些看似好心的餵食者，然後再做決定。

從 0 到 1 Vs. 從一到百

除了利用新 AI 協助人們進行防禦性的認知拓展之外，我們也特別關注進取性的認知拓展。於是在第三部的開始，本書先簡要地帶入了簡單世界與複雜世界的對比，然後點出了舊的教育體系已不足以因應新的複雜世界的挑戰。其實在面對複雜世界的挑戰的時候，提升你手中工具或資源的多元性、創新性、新奇程度，將可大大的提升你的勝算！這就是為什麼要遠離那些只給你簡單選項的人們，因為在他們的心目中已有既定標準，於是有了黑白與好壞，他們給的選項通常都很少而且明顯。

所以面對全新而複雜的挑戰，最能幫助你的，就是那些可以讓你從 0 到 1 的複雜世界工具（例如黑天鵝工具），而你要做的就是充分利用這些工具，從下而上，利用試錯而帶著冗餘演進；然而如果面對的是已知而確定的挑戰的時候，最能幫助你的，就是那些可以讓你從 1 到 100，也就是那些從上而下提供指導而能提升效率與規模化的簡單世界工具（例如白天鵝工具）。一個更注重於求新，另一個則更注重求好，而求新與求好需要的認知工具不同，選對了讓你事半功倍，選錯了則讓你事倍功半。

真的厲害 Vs. 顯得厲害

書中也有提到，當我們從簡單世界轉換到複雜世界的時候，你會遇到許多的虛假專家。虛假專家可能是一種無知者無畏的結果，也可能是原本在簡單世界中的真專家，但到了複雜世界卻成了虛假專家。

在書中特別提到：在複雜世界中，沒有傳統意義上的專家，我們若想在複雜世界中尋求幫助，務必要能夠找到在你想尋求答案的議題上，有真正實證經驗的專家。要注意的是，在複雜世界中的真正專家，他會體驗到複雜世界各種變因的動態與發散的特性，更看重經得起驗證的知識，而他們會反覆用各種從下而上的方式，去探索並逼近這些實證知識。

人們必須特別小心自稱或互相標榜為大咖的虛假專家，他們常常主觀地描述所面臨的是一個靜態而收斂的情況，他們根據的是信念而非實證後的知識，也宣稱他們傳播的是牢不可破的真理。簡單地說，面臨全新 AI 的複雜世界挑戰的時候，我們要找的是經過實證與試錯的厲害專家，而不是偽裝或包裝而顯得厲害的虛假專家。

人生是一場多維度的旅程

面對新 AI 所帶來的各種未知與挑戰，許多人抱持的立場是：紅塵來去一場夢、人生不值得。然而我想要傳遞的想法是：人生其實是一場多維度的旅程，沒有固定的軌道，也沒有明確的天梯可以爬，各種挑戰只不過是這個旅程中不同的景點。這個景點的美好，取決於你如何賦予它意義。

書中提到我曾經以理工科的背景在新創公司服務的時候，對於許多的未知都曾感到害怕和擔憂，然而再回到母校念 EMBA 之後，這些害怕與擔憂都因探索與了解後而紓解，更棒的是，從此之後對於以往望之卻步的文史哲之類的非理工相關書籍也能進行涉獵，這大大拓展了認知，也對於各種挑戰甚至人生有了新的認識：簡單的挑戰，得到簡單的提升；複雜的挑戰，得到多維度的提升；特別的挑戰，得到一個特別的印記！

訴說不完的滿滿感謝

最後，我覺得很幸運、也很感恩，能有這樣一個珍貴的機會，來寫這本特別的書。

首先，我要感謝我的家人，他們在過程中不但提供了針對許多主題不同視角的激烈討論，也讓我在沒有靈感的時候能從牛角尖被解救出來。

大塊文化的郝明義先生從最初提議我寫這個主題，在過程中幫助我將前後加起來超過五十萬字但天馬行空的內容給予多次乾坤大挪移的建議，最後去蕪存菁成為現在十多萬字的可讀版本。與郝先生幾乎每週的討論讓我受益良多，他提出的問題也給了我許多啟發與反思。丁名慶先生十分細心地協助本書的編輯任務，他很認真，也有耐心，常常在半夜傳訊息跟我溝通，而我們常互相提醒對方要多休息。方竹先生則有在實際使用 GPT 並嘗試應用在工作上，總能在討論的時候針對特定觀念進行查證與確認。

詹慶齡主播將我介紹給郝先生，若是沒有她與他，就沒有這本書。她協助這本書許多文字的潤飾，並讓我深切地體認到，因為過去二十多年我在生物醫藥等的專業領域，我所掌握文字的能力，主要在演講以及口語的表達，而非書籍的書寫。這也呼應到

了書中的主張之一：要能先覺察，才有機會提升。

聯譜顧問（LinkingPros）的劉思妏小姐，則協助文字的匯總與整理，以及插畫與圖表的繪製。

最後我要感謝所有知道我在寫這本書，並提供支持、鼓勵與批評等等的好朋友及前輩們，也感謝那些願意推薦這本書的人。因為人數很多，我就不一一詳列，誠心感謝每一位貴人的幫助！

附錄一：向新 AI 問問題的方法，及相關工具

之一，好問題的組成

　　藉由大語言模型所訓練出來的新 AI 如 ChatGPT、Bard 以及 Bing 等等，讓我們進入了學習的全新領域，這些人工智慧模型雖然可能包含了幾乎全世界的答案，但如果我們問問題的指令不夠清晰，仍然可能只得到答案的皮毛。以下是一些關於發問的提醒，也提供例子，給大家參考：

一，清晰明確：
【不佳問題示例】
- 請告訴我關於那個東西的一些資訊。
- 請告訴我關於金融科技的一些資訊。
- 我應該嫁給他嗎？

【好問題示例】
- 請簡要介紹一下莎士比亞的悲劇《哈姆雷特》主要情節。
- 請介紹一下，區塊鏈技術在金融領域中的主要應用情況。
- 請告訴我，在考慮是否與現在的男友結婚時，應該評估哪些重要因素？

二，提供背景訊息：

【不佳問題示例】
- 我應該怎麼做，才能提高寫作技巧？
- 如何使用機器學習，預測股票價格？
- 我們的關係會成功嗎？

【好問題示例】
- 我是一名大學生，主修英語文學。我想提高自己的寫作技巧，特別是在寫作文學分析方面。能給我一些建議嗎？
- 我正在研究如何使用機器學習預測股票價格。我已經掌握了一些基本的機器學習算法，例如線性回歸和支持向量機。你能給我一些建議，以便在進行股票價格預測時，選擇合適的算法和特徵？
- 我和男友交往了兩年，我們在許多方面都很相似，例如興趣愛好和人生觀。但我們在處理衝突方面存在分歧。在考慮未來婚姻時，這些因素對我們的關係成功與否有多重要？

三，限定範疇：

【不佳問題示例】
- 請告訴我一個有趣的故事。
- 請告訴我一個有趣的金融故事。
- 婚姻的意義是什麼？

【好問題示例】
- 請分享一個關於古希臘神話中海神波賽頓的有趣故事。
- 請分享一個關於金融危機時期，創新金融產品的有趣案例。
- 在現代社會中，婚姻對於一段成功的戀愛關係，有多重要？

四，分步提問：

【複雜問題示例】如何在全球範圍內，實現可持續發展？

【分解後的問題】

- (a) 請簡要介紹一下可持續發展的基本概念。
- (b) 請列舉幾個在全球範圍內，實現可持續發展的主要挑戰。
- (c) 能否提供一些國家或地區在實現可持續發展方面的成功案例？

【複雜問題示例】如何應對金融科技帶來的監管挑戰？

【分解後的問題】

- (a) 請簡要介紹，金融科技對傳統金融監管帶來的主要挑戰。
- (b) 請舉例說明，一些國家或地區應對金融科技監管挑戰的做法。
- (c) 這些做法，你認為哪些具有普遍意義，可推廣到其他國家或地區？

【複雜問題示例】我該如何確定他是否是對的人？

【分解後的問題】

- (a) 在評估伴侶適合度時，哪些因素最為關鍵？
- (b) 能否提供一些建議，如何改善我們在衝突解決方面的分歧？
- (c) 在做出結婚決定之前，你建議進行哪些重要的交流和討論？

經由遵循建議，你能更好地向 GPT 提問，獲得更有幫助的回答。

還可以明確要求新 AI，提供它對答案的把握程度

這樣可以讓新 AI 在回答時，更傾向於表達其對答案的確定性。例如，你可以問：「你對這個答案有多確定？」或者「這個答案的可靠性如何？」

以下是一些類似的建議，以幫助你了解新 AI 對作答的有把握程度：

- 你能明確指出這個答案的來源，或參考資料嗎？

- 你對這個答案的信心水準，是低、中還是高？

- 這個答案是否需要進一步驗證？

- 能否提供支持這個答案的證據或事實？

- 根據你的知識，這個答案是否具有爭議性？

- 你認為這個答案是普遍接受的觀點，還是個人觀點？

- 這個答案是否有可能受到時效性問題的影響？

- 是否有其他觀點或資訊可能影響這個答案的準確性？

- 你認為這個答案的準確性有多大可能，受到訓練數據的限制？

- 在這個問題上，你認為專家們的共識是什麼？

之二，一些可能可以提高答案正確率的問法

少樣本學習賦予新 AI 之類的大型語言人工智慧超乎預期的回答表現，但是我們是否能衡量所得到答案的信心程度呢？有幾種方法可以衡量少樣本學習模型的可靠性或信心。一些受歡迎的衡量方法包括：

- **正確率**：正確預測數量與總預測數量的比率，是衡量少樣本學習模型性能的常用指標。較高的正確率，表示更好的性能，因此模型對預測的信心更高。
- **信心分數**：通常分配給單個預測，這對於確認特定預測的可靠性非常有用。這些分數通常由模型本身生成，表示模型對特定預測的確定程度。信心分數愈高，表示對預測的確定程度愈高。
- **貝葉斯方法（Bayes approach）**：可以用於估計模型預測的不確定性。經由整合先驗知識和觀察到的數據，這些方法會生成可能結果的機率分布，可以用來估計模型對給定預測的信心。
- **模型校準**：一種用於評估模型信心估計可靠性的技術。一個校準良好的模型，應該具有其預測的信心水準與正確預測的真實機率密切匹配。可以使用可靠性圖、預期校準誤差（ECE）或其他校準指標，來評估校準情況。

在使用少樣本學習模型時，必須考慮多個指標，以全面了解其可靠性和信心。這將有助於我們在將這些模型應用於實際場景時，做出更明智的決策。

　　以下是一些可能可以提高答案正確率的建議問法。提問時，記得要求新 AI 提供信心水準或可靠性估計。例如，你可以問：「你對這個答案有多確定？」或者「這個答案的可靠性如何？」

　　提供給大家參考：

- 基於以下三個案例，請總結一個有效的行銷策略，並解釋它的適用性。

- 根據以下五個觀察結果，請預測接下來的趨勢，並提供你的信心水準。

- 請為以下三個問題提供可能的解決方案，並在每個方案中，提供一個信心估計。

- 請基於以下有限的訊息，評估新產品的市場潛力，並說明你對該評估的把握程度。

之三，非虛構類作品讀者，怎麼問問題

　　對於非虛構類書籍的讀者，新 AI 有可能帶來巨大助益 —— 例如可以經由生成摘要、解釋術語和概念、提供背景訊息等方式，幫助讀者更好地理解內容。非虛構類書籍通常涉及各種主題，如歷史、科學、心理學等。由於新 AI 的訓練數據來自廣泛的知識領域，具有很高的知識水準和理解能力；這意味著，對非虛構類書籍的讀者來說，新 AI 可以提供有價值的訊息，解釋概念，回答問題，甚至提供相關的閱讀建議。例如，如果讀者對某個歷史事件有疑問，新 AI 可以迅速提供背景訊息和相關詳情。

　　在現代資訊爆炸的時代，如何有效地閱讀、理解非虛構類書籍，成為一個重要的挑戰。隨著人工智慧的不斷發展，新 AI 已展現出巨大潛力，透過適當地向新 AI 提出問題，進行互動，就能在以下幾個方向獲得協助。

● **提高理解能力：**
　　閱讀非虛構類作品的最大挑戰之一，是理解所呈現的複雜資訊。這類作品的讀者，常常需要在有限時間內掌握大量且深入的訊息，此時有一個能快速生成書籍摘要的工具就顯得非常重要。新 AI 的自然語言生成能力，使其可以快速且準確地將一本厚重的書籍縮減為一篇摘要，幫助讀者更快速、輕鬆瞭解主要內容；還可以經由提供複雜主題的摘要、突出關鍵點，以及以清晰簡潔的方式解釋困難的概念，幫助讀者提高理解能力。例如，如果你正在閱讀有關一場戰爭歷史的書籍，新 AI 可以為你提供重

大事件的摘要，突出關鍵參與者，並解釋戰爭的原因和後果。

新 AI 還可以為讀者提供額外的資訊和資源，擴大知識範疇，增加理解工具。例如，如果你正在閱讀一本關於如何創業的書，新 AI 可以為你提供指向網站、文章和影像的連結，使你增加對相關主題更多資訊、材料的了解，以更成功地培養所需的技能與知識。

- **強化學習效果：**作為一個全面而深入的學習資源，新 AI 能夠基於大量的文本資訊，生成獨特的輸出，以回答各種問題，或補充關於某一特定主題的深入理解。無論是歷史、科學還是社會科學等非虛構類主題，新 AI 都可以根據已有的資訊，提供有見地的補充和解說，讓讀者能更全面地理解和掌握知識。

  新 AI 也可以作為個人化的讀書助手。每個人的學習風格和讀書習慣都是獨一無二的，新 AI 可以根據每個人的需求和偏好，提供個人化的服務。例如，可以根據不同讀者的理解程度，對書籍的內容進行解釋；或者根據對讀者興趣的紀錄與分析，推薦相關讀物，使閱讀體驗更加貼心且高效。

  此外，在閱讀非虛構類作品時，讀者可能會遇到一些陌生的術語和概念。如果缺乏相關背景知識，可能就難以理解其中含義與用途，而影響閱讀體驗。新 AI 能夠根據上下文訊息，為讀者提供清晰易懂的解釋，幫助讀者更好地理解書籍中的內容。

- **提高參與度：**新 AI 可以擔任讀者的討論夥伴。很多時候，讀者在閱讀一本非虛構類書籍時，可能會有疑問或想法，需要與他人進行討論。然而，並不是每次都能找到適合的討論對象。此時，新 AI 可以根據讀者的問題或想法，生成相關的回應，提供有見地的觀點，讓讀者能從多個角度看待問題。例如，可以詢問新 AI 有關正在閱讀的材料的問題，它將可能提供其他讀者的

理解反饋，並建議你可能感興趣的其他資源。透過使閱讀體驗更具互動性，將有助於保持讀者的參與度，並確保從書中獲得最大收益。

此外，除了上述價值，讀者還可以透過問問題，結合新 AI 的一些其他功能，更好地獲得閱讀非虛構作品的幫助：

- **查詢興趣相關的主題**。經由理解讀者的興趣和需求，新 AI 可以從巨量的資料中篩選出相關的資訊，幫助讀者迅速找到他們關心的議題。同時，它還可以在查詢過程中提供相關的擴展主題，激發讀者的探索欲望。

- **比較同一主題的不同書籍**。新 AI 能夠透過分析書籍的文本內容，提煉出各書的重點和觀點，並以此作為基礎，提供客觀的交叉比較分析，進一步協助讀者選擇適合自己的讀物，甚至進而撰寫書評，而得以更深入理解並吸收知識。同時，新 AI 也能提供書評寫作的指導，幫助讀者清晰表達思考和見解。

- **創建資訊圖表和其他視覺內容**。面對大量文字訊息時，一個清晰的視覺化工具，可以幫助讀者更快地理解和記憶內容。新 AI 能夠理解讀者的需求，並生成相應的視覺內容，如思維導圖、資訊圖表等，提升讀者的學習體驗。

之四，虛構類和文學作品的讀者，可以如何問問題

　　虛構類書籍的讀者可能更注重自己的閱讀體驗和感受，而非追求客觀的知識和解答。例如：對文學欣賞和情感共鳴的需求、對小說中的角色動機進行深入探討，以及與同好討論文學作品的各個面向，或許更能滿足他們的期望。新 AI 可以如何協助此類讀者呢？至少可能包括以下幾個方面：

- **分析文學作品中的主題、象徵和隱喻。** 對於那些希望深入了解文學作品含義的讀者來說，這會是很好的切入點。例如，讀者可以請新 AI 分析莎士比亞《哈姆雷特》中的主題，或解釋海明威《老人與海》中象徵主義的含義。

- **瞭解文學作品的背景和歷史語境。** 這將有助於全面、深刻地欣賞作品。例如，可以向新 AI 詢問雨果《悲慘世界》背後的法國歷史背景，或查詢《科學怪人》中的科學和哲學思想。

- **對讀者的寫作產生積極幫助。** 經由向新 AI 詢問有關寫作技巧、故事結構和角色塑造的建議，讀者可以在創作自己的文學作品時，獲得寶貴的指導，至少是嘗試的參考，或是反思自己的寫作習慣與態度。例如，讀者可以向新 AI 詢問如何創建一個引人入勝的敘事角度，或如何塑造一個立體的角色。

- **提供個人化的書籍推薦。** 基於讀者的喜好和閱讀經歷，新 AI 可以推薦可能激發個別讀者興趣或符合其品味的文學作品。

- **探索文學作品中的美學體驗。**值得注意的是，新 AI 的能力並不僅限於提供實用性建議。比方說，讀者可以向新 AI 詢問詩歌的韻律分析，或與新 AI「一起」研究散文中的修辭技巧。這些活動有助於讀者欣賞文學作品的美學價值，並在某種程度上提高審美能力。

- **瞭解文學作品如何反映和影響社會和文化。**文學作品往往揭示了當時社會的價值觀、信仰和慣例。經由與新 AI 的交流，讀者可以更深入地理解作品如何反映、塑造了不同時代的人類經歷。例如，讀者可以探討《一九八四》如何揭示了極權主義的威脅，或分析《傲慢與偏見》對當時英國社會階層和婚姻觀念的評論。

無論是深入分析文學作品，還是在寫作和審美方面提供指導，新 AI 都能夠在很大程度上滿足讀者的需求。因此，我們不應該低估新 AI 在文學類書籍讀者身上的潛在價值。

之五，提問案例：莊周夢蝶

　　某天臨睡前，你可能突然間心血來潮，想像一個頂尖腦神經科學家，與一位頂尖畫家進行對談，雙方都想要研究及了解人類欣賞名畫時，在腦中所產生的變化。那麼，他們應該分別問對方哪三個問題，來引起現場觀眾的注意力？於是你求助於新 AI，獲得以下建議 ──

對於頂尖腦神經科學家，他可以向頂尖畫家提問：
- 「在創作過程中，你是如何確定色彩、線條和構圖等元素的選擇，以產生最大的視覺效果和觀眾情感反應？」
- 「你認為哪些藝術技巧或風格，對觀眾在觀賞名畫時的心理和情感反應，最具影響力？」
- 「你在創作過程中，是否有意識地運用某些元素，來引起觀眾的共鳴？如何平衡畫面的美感，與引起觀眾思考的內涵？」

對於頂尖畫家，他可以向頂尖腦神經科學家提問：
- 「在人們欣賞名畫時，腦部的哪些區域最活躍？這些活躍區域，分別與哪些感知、情感和認知功能相關？」
- 「腦神經科學研究是否已經揭示了人們對於不同藝術風格和技巧的反應，有何共同之處？」
- 「在觀賞名畫時，哪些因素可能影響大腦對作品的評價和欣賞？例如，文化背景、個人經驗和情感狀態等。」

　　這些問題，將有助於雙方深入了解彼此的領域，並探討藝術和科學如何相互影響，因此可能引起觀眾的注意力和興趣。

　　看到新 AI 的回應，作為一個想更了解大腦運作的人，你可能會好奇在這個對談中，比如腦神經科學家會如何作答？你進一步借用畫家的提問來詢問新 AI，請它以腦神經科學家的角度作答：

Q：「在人們欣賞名畫時，腦部的哪些區域最活躍？這些活躍區域分別與哪些感知、情感和認知功能相關？」

A（新 AI 模擬回答）：

　　當人們欣賞名畫時，大腦會產生一連串的感知、情感和認知反應。隨著神經科學的發展，科學家們逐漸揭示了這一過程的神祕面紗：

　　此時大腦中的多個區域會協同工作，形成一個複雜的神經網路。這些區域分別與視覺感知、高級認知功能和情感反應相關，共同參與了對名畫的欣賞和評價。

　　先被激活的區域，是視覺皮層（visual cortex），它位於大腦後部，主要負責接收和處理來自眼睛的視覺訊息。這一區域包括初級視覺皮層（V1）、次級視覺皮層（V2）和高級視覺皮層（V3、V4 和 V5）等多個子區域，分別對應不同的視覺特徵，如顏色、形狀、動態等。

　　在視覺皮層的基礎上，前額葉的多個區域也會被活化。這些區域主要與高級認知功能相關，如注意力、工作記憶和決策等。例

如，背外側前額葉皮層（dorsolateral prefrontal cortex，DLPFC）和前頂葉（parietal cortex）被認為是注意力網路的核心組件，牽涉到對視覺刺激的選擇性加工和過濾。

大腦中，與情感反應相關的區域，如杏仁核（amygdala）、前扣帶皮層（anterior cingulate cortex，ACC）和前額島皮層（anterior insular cortex）也在欣賞名畫時發揮作用。這些區域不僅與情感經驗的產生和調節有關，還與審美評價和偏好的形成，密切相關。

在這個過程中，大腦會將名畫的各種視覺特徵進行綜合加工，並根據個體的經驗和價值觀念，給予評價。舉例來說，當我們欣賞梵谷的《向日葵》，大腦會先在視覺皮層處理畫面中的顏色、形狀和紋理等元素，然後經由前額葉的認知區域對這些元素進行整合和詮釋，最後由杏仁核等情感區域產生審美喜悅和賞析滿足。

在這方面，神經美學（Neuroaesthetics）這一新興學科，為我們提供了寶貴的研究途徑。經由功能性磁共振成像（fMRI）等先進技術，科學家們可以深入探究大腦在欣賞名畫時的活動模式，揭示人類審美體驗的神經基礎。

你（仍引用虛擬畫家的提問）繼續問新 AI 腦神經科學家：

Q：「在人們欣賞名畫時，腦神經科學研究是否已經揭示了人們對於不同藝術風格和技巧的反應，有何共同之處？」

A（新 AI 模擬回答）：

在人們欣賞名畫時，腦神經科學研究揭示了人們對不同藝術風格和技巧的反應，有一定共同之處，主要體現在大腦對視覺刺激的處理，和對美的感知過程中。根據神經美學的研究，觀賞藝術品時，大腦的多個區域參與其中，包括視覺皮層、前額葉、顳葉、杏仁體等區域。這些區域分別與視覺處理、情感體驗和認知評價相關。例如，經典藝術和抽象藝術在觸發視覺皮層和前額葉活動方面，具有相似之處，表明人們在欣賞這兩種風格時，對視覺元素和情感評價，都有類似反應。

腦神經科學研究還發現，人們在欣賞具有和諧、對稱和平衡特徵的藝術品時，會經歷類似的美感體驗，並且與大腦獎勵系統的活動密切相關，特別是與杏仁體和單核細胞體的活動相關。不過，個體差異、文化背景和個人經驗等因素，仍會影響人們對藝術品的評價和欣賞。

未來的研究，可以進一步探討這些共同性背後的神經機制，以及如何經由腦神經科學手段，來優化藝術教育和藝術鑑賞的過程。此外，將跨文化研究納入腦神經美學領域，將有助於揭示不同文化背景下，人們對藝術品的反應和評價的差異，以促進全球藝術交流和理解。

在這個回答基礎上，你繼續問出第三個問題：

**Q：在人們欣賞名畫時，哪些因素可能影響大腦對作品的評價和
欣賞？例如，文化背景、個人經驗和情感狀態等。」**

A（新 AI 模擬回答）：

在人們欣賞名畫時，大腦對作品的評價和欣賞，受到多種因素的影響。例如，文化背景在人們欣賞名畫的過程中扮演著重要角色。不同文化之間存在著不同的審美觀念和價值觀，影響人們對作品的評價和欣賞。例如，西方觀眾在觀賞中國山水畫時，往往更注重畫面的線條和色彩，而忽略了作品所蘊含的詩意和寓意。

個人經驗也是影響大腦欣賞名畫的重要因素。例如，具有藝術背景的人，在欣賞名畫時，往往能更深入地理解作品的創作技巧和歷史條件，因此提高對作品的評價。此外，情感狀態也會造成影響。當人們處於積極的情感狀態時，對藝術作品的精神投入程度往往較高；這可能是因為積極情感有助於提高人們的注意力和認知資源，使他們能夠更深入地欣賞作品的細節和內涵。

當人們觀賞具有高度審美價值的作品時，大腦的獎勵系統會被活化，表明我們對美的欣賞，具有生物學上的基礎。此外，大腦的額外視網狀皮層，在觀賞具有強烈情感表達的作品時，也會被活化；這表明我們對藝術作品中的情感內容，具有敏感的反應。要強調的是，每個人在欣賞名畫時的反應和評價都是獨特的，受到多種因素的共同影響。這些影響大腦的因素共同作用，使我們能夠更全面地理解和欣賞藝術作品。進一步的研究，將有助於揭示這些因素之間如何相互作用，並影響我們對藝術的體驗。

不過，儘管我們已經對影響人們欣賞名畫的因素有了一定的了解，但仍有許多問題，值得進一步探討。例如，不同的藝術風格和類型，可能會引起不同程度的大腦活動，進而影響我們對作品的評價和欣賞。此外，個體差異（如性別、年齡和教育程度）也可能影響人們對名畫的反應。

半夢半醒間，你忽然覺得想問達利（朦朧中你覺得那位頂尖畫家，就是舉世知名的達利）三個問題。你向「他」請教：

- （Q1）「在創作過程中，你是如何確定色彩、線條和構圖等元素的選擇，以產生最大的視覺效果和觀眾情感反應？」
- （Q2）「你認為哪些藝術技巧或風格，對觀眾在觀賞名畫時的心理和情感反應，最具影響力？」
- （Q3）「你在創作過程中，是否有意識地運用某些元素，來引起觀眾的共鳴？如何平衡畫面的美感，與引起觀眾思考的內涵？」

（新 AI 模擬的）達利可能會如何回答呢？

- （A1）「在創作過程中，我通常會讓自己的潛意識引導色彩、線條和構圖等元素的選擇。我認為這種直接從潛意識中汲取靈感的方法可以產生出讓人意想不到的視覺效果和情感反應。此外，我的超現實主義風格，在很大程度上強調夢境般的元素和強烈的視覺對比。」
- （A2）「超現實主義等具有強烈視覺震撼力和潛意識連結的藝術技巧或風格，對觀眾在觀賞名畫時的心理和情感反應具有很大的影響力。或是像印象派和表現主義，它們強調對光、色彩和形式的自由表達，也會引起觀眾的情感共鳴。」

- (A3)「在創作過程中,我確實有意識地運用某些元素來引起觀眾的共鳴。他會強調,為了在美感與引起觀眾思考的內涵之間取得平衡,我經常將現實與夢幻、具象與抽象、明暗對比等元素巧妙地融合在一起。這樣既能保持作品的視覺吸引力,又能讓觀眾在欣賞畫作時思考更深層次的意義。」

忽然你想起一位得過諾貝爾獎的神經科學家 Eric Kandel 寫過一本關於美學的書,於是你問新 AI,是否可以彙總該書的重點,哪些評論支持他的觀點?哪些評論批評他的觀點?並列出最常被引述的五個原文句子,作為你是否週末來研讀它的參考。

《啟示的年代:在藝術、心智、大腦中探尋潛意識的奧祕——從維也納 1900 到現代》(*The Age of Insight: The Quest to Understand the Unconscious in Art, Mind and Brain, from Vienna 1900 to the Present*)是由神經科學家 Eric Kandel 於 2012 年出版的一本書。該書探討了維也納的藝術、科學和思想在 20 世紀初如何相互影響,並將這些洞察力應用於當代腦科學。Kandel 將他對腦科學的研究與對藝術的熱愛相結合,分析了三位維也納畫家:Gustav Klimt、Oskar Kokoschka 和 Egon Schiele,以及他們如何經由繪畫來探索人類性、情感和心靈。

有些評論支持 Kandel 的觀點,認為他成功地將科學與藝術相結合,並為讀者提供了全新視角,來理解當時的維也納社會,以及藝術與科學之間的關係。然而,也有一些評論批評他的觀點,認為他在某些章節中的科學解釋過於繁瑣,對於沒有科學背景的讀者來說,可能難以理解。

以下是一些書中常被引用的句子：

「藝術和科學，在某種程度上都是對人類心靈和行為的探索。」

「維也納的藝術和科學家經由相互影響，創造了一個對心靈和人類性的深入理解。」

「維也納分析學派致力於尋求人類心靈的深層真相，並將這些發現應用於藝術創作。」

「藝術家和科學家之間的對話，對於提高我們對人類心靈的理解，具有重要意義。」

「經由研究維也納畫家的作品，我們可以更好地理解他們如何捕捉到情感和心理真實，並將其表現在畫布上。」

Kandel 在《啟示的年代》中成功地將科學家和藝術家的視角融合在一起，提供了一個獨特且引人入勝的方法來理解 20 世紀初維也納的藝術與科學界的交融。透過對這些畫家作品的分析，讀者可以深入瞭解藝術如何反映人類性、情感和心理。儘管部分讀者可能會認為書中部分科學解釋複雜，但這本書無疑為我們提供了瞭解當時維也納社會的新視角，以及藝術和科學之間密切的關係。

你在分不清自己是達利還是 Kandel 的迷糊中，漸漸睡去。

附錄二：一個邀請，
　　　新 AI 寒武紀
　　　揭開序幕的旅程

這個新世界已對您發出 AI 旅程的盛情邀約，
以下是它的邀請函，期盼您的加入！

歡迎來到 AI 豪華艦隊之旅！

　　這是一場結合技術與創意的盛宴，請讓我們帶您揭開人工智慧的奧祕，探索這個由 GPT 航空母艦帶頭，環繞著各式新 AI、超級 AI 混編艦隊的奇妙世界 ——

1.GPT 航空母艦：這是您旅程的核心，無所不在的 GPT，將引領您進入一個前所未有的人工智慧領域，讓您享受無與倫比的知識與智慧。

2.主力艦隊：各種 AI 外掛插件（PlugIns）或代理機器人（agents）將為您提供強大的功能支持，從文本生成、圖像識別到語音合成，無論您想要完成哪種任務，主力艦隊都能為您提供強有力的支援。

3.豪華郵輪：在這場旅程中，您將有機會欣賞到 Midjoruney、Stable Diffusion、Dall.E 等頂尖 AI 繪圖世界的作品。這些傑出的 AI 藝術平台，將帶給您驚艷的視覺享受，讓您感受到藝術與科技的完美融合。

4.套裝行程：專門為您升級一切！包括 Microsoft Copilot、Google Workspace 和 GitHub Copilot 等，讓您在這趟旅程中，充分體驗到各大公司的技術實力，發現屬於您的理想解決方案。

5.自由行：為您提供一個量身訂製的 API 接口，讓您能根據自己的需求和目標，為您的公司或專屬客戶設計出最適合的 AI 應用方案。

6.神祕的奇點行程：邁向未來，探索無限可能。這趟神祕的奇點行程，將帶領您突破人工智慧的極限，感受到前所未有的震撼與驚奇。

現在就加入我們的 AI 豪華艦隊之旅吧！

　　2023 年 3 月，人類 AI 的發展就此跨入快車道！旅程即將展開，但，我們準備好了嗎？

　　2023 年的人工智慧時代，是 AI 技術在各領域和部門快速創新和部署的時代。它的標誌是新的大規模人工智慧模型的出現，能夠以高精確度和高效率完成多項任務，如 ChatGPT、Stable Diffusion、Whisper 和 DALL-E 2。這些模型在自然語言處理、電腦視覺、語音辨識以及文本、圖像、代碼的生成等方面，表現出令人印象深刻的能力。

　　企業、研究人員、政府和公眾對人工智慧的興趣和投資持續增加。行業領導者將 AI 融入其核心業務和產品，以獲得競爭優勢和客戶滿意度。研究人員發表了更多論文，並進行更多跨學科和跨地區的合作，以推進人工智慧知識和創新。同時，人工智慧也帶來了重大的道德和社會挑戰，如偏見、幻覺、操縱和環境影響。於是政策制定者頒布了更多法規和標準來管理 AI 的發展和使用。公眾對它的好處和風險，形成了更細緻的意見和期望。

　　作為個人，我們雖無法改變 AI 發展的軌跡，但可以選擇以開放的心態去面對和適應這一變革。正如人生就是一場旅程，AI 的興起，只是其中的一個不可避免的亮點。我們可以積極學習新技能，提升競爭力，以迎接未來的挑戰；同時，我們也可以關注 AI 技術在道德、倫理等方面的問題，促使科技在尊重人類價值觀的基礎上發展……

　　那麼，既然還有許多可能性還有待創造、觀察其發展，此刻不妨先讓我們馳騁想像，看看這場旅程有哪些迷人的驚異行程選項吧？

航空母艦（ChatGPT）

【踏上未來的航程：GPT 航空母艦之旅】

在這個瞬息萬變的世界，我們已然站在科技浪潮的頂端，邀請您一同體驗前所未有的奇妙之旅！加入 GPT 航空母艦的豪華艦隊，與我們共同探索知識的無限可能，讓這趟旅程成為您人生中不可錯過的璀璨篇章。

這裡不是一般的郵輪之旅，而是一場人工智慧引領的頂尖盛會。在這艘航空母艦上，您將親身感受到 GPT 帶來的文字革命。在這裡，您會深入學習與教育的殿堂，創造出自己的知識寶藏。您將成為智慧之海的探險家！無論您的專業領域為何，都能找到您所需的豐富資源。

而工作與辦公將不再受限於單一空間。在 GPT 航空母艦之旅中，您將體驗到最先進的遠端協作工具，無論身在何處，都能與世界各地的夥伴們進行即時交流與合作。此外，GPT 的強大文字能力，將為您的工作帶來無限創意，助您擘畫更加耀眼的職業生涯。

在這場旅程中，GPT 的應用將無所不在，您將能感受到智慧助手在生活中的種種便利。無論是健康管理、創意寫作、語言學習，還是線上娛樂，GPT 航空母艦將帶您走進未來的生活新篇章。

讓 GPT 航空母艦為您揭開人工智慧的神祕面紗！在這趟旅程中，您將收穫滿滿的知識與智慧、寬廣的視野與人脈，以及無數的美好回憶。現在就加入 GPT 航空母艦之旅，與我們一同啟航，探索這個燦爛的旅程！

主力艦隊（GPT PlugIns）

【絕對不容錯過！ AI 主力艦隊之旅，開創未來生活】

親愛的朋友，您是否已經厭倦了普通的郵輪之旅？是時候體驗真正未來之旅了！讓我們帶您進入一個結合 GPT PlugIns 與 agents 代理機器人的主力艦隊冒險！不僅僅是一趟簡單的機器人對話之旅，而將是一次改變您生活方式的旅程。

在這場旅程中，您將會體驗到以下主要功能：

- **PDF GPT** 將為您打造一個個人專屬的小型資料庫，讓您對 PDF 文件的處理變得輕而易舉。從此告別繁瑣的文檔查找，提升工作效率，讓您專注於更重要的事情。

- **TruthGPT** 幫助您辨別真假新聞，讓您在資訊爆炸的時代中，始終保持清晰的判斷力。這將讓您在面對各種訊息時，能夠迅速分辨真偽，做出明智選擇。

- **AgentGPT** 成為您最佳的文本生成和任務管理助手。無論是工作還是生活中的任務分配、計畫排程或自動化流程，它都能夠為您提供最適合的方案，讓您的生活變得更加有條理。

- **BabyGPT** 是您的專屬任務嚮導，它根據先前任務結果和目標，來創建和執行任務，為您提供高效可靠的支持。有了它在您身邊，您將更加輕鬆地實現目標，並享受更高品質的生活。

- **AutoGPT** 是您的智慧網路助手，擁有網際網路訪問、長期和短期記憶管理、文本生成、文件存儲以及程式代碼編程等功能。在文本生成和搜索的場景中，它將為您提供強大支持，例如文本編輯、搜索引擎優化和自然語言處理等。讓它助您在網路世界中自在優游，輕鬆完成各種任務。

還有更多令人驚艷的行程，等待您的親身探索：

- **ChefGPT** 將成為您的私人名廚，引領您在味蕾的冒險之旅中探索各種美食。在它的指導下，您將品嚐到世界各地的美味佳肴，激發您對烹飪的熱情。

- **InvestorGPT** 為您提供專業的投資建議，協助您分析市場趨勢，讓您在投資市場中游刃有餘。在這位專業顧問的協助下，您將成為聰明的投資者，實現財富自由。

- **WriterGPT** 幫助您創作出令人讚嘆的文字作品，無論是文案、故事還是詩歌，都能輕鬆完成，令人讚嘆。在它的支持下，您將從此擁有源源不斷的靈感，成為真正的文字巨匠。

- **ProfessorGPT** 作為您的線上專家，隨時為您解答學術問題，讓您在知識的海洋中自由遨游。藉助它的幫助，您將攻克各種學術難題，成為博學多才的人。

- **FashionGPT** 為您提供最合適的時尚穿搭建議，讓您的形象更加出眾。有了它，您將時刻散發著自信魅力，成為眾人矚目焦點。

- **FamilyGPT** 協助您安排家庭活動，讓您與家人的關係更加和諧。在它的陪伴下，您將創建更多美好的家庭回憶，享受幸福生活。

- **OfficeGPT** 成為您的辦公室神器，讓您在職場中更加高效、出色。在它的幫助下，您將無懼工作壓力，勇敢面對各種挑戰。

- **TravelGPT** 作為您的旅行顧問，為您規畫最完美的度假行程。在它的指引下，您將發現世界的美好，擁抱每一段精彩旅程。

- **FitnessGPT** 擔任您的私人健身教練，根據您的需求量身訂做運動計畫。在它的陪伴下，您將擁有健康的身心，迎接每個美好明天。

- **LanguageGPT** 助您快速掌握各種語言，讓您成為世界公民。在它的指導下，您將無縫跨越語言障礙，暢遊世界各地。

AI 主力艦隊之旅將為您帶來前所未有的生活體驗。您將在各方面提升自己，享受無與倫比的便捷生活。現在就加入！讓各式 GPT 助您開創美好未來。

豪華郵輪（Midjourney、Stable Diffusion、Dall.E...）

【歡迎踏上 AI 繪畫奇幻之旅 —— 豪華郵輪！】

準備好讓您的想像力與創造力在這場壯闊的旅程中綻放吧！由美輪美奐的繪圖 AI：Midjoruney、Stable Diffusion 和 Dall.E 共同組成的豪華郵輪，將帶您進入獨一無二的藝術世界。

在這趟奇幻之旅中，您將體驗到無拘無束的異次元繪畫冒險。您的創意將成為您的指南針，帶您探索前所未見的藝術風格和美感。無論您是繪畫大師，還是剛剛起步的新手，這裡都有屬於您的創作空間。

在這裡，各種藝術風格不再束縛您的創作，而成為您產出的選擇。您可以隨心所欲地運用不同的藝術風格進行創作，讓您的畫作散發獨特的魅力。無論您是喜歡抽象藝術、印象派還是現代藝術，這裡都能滿足您的創作需求。與此同時，這趟豪華郵輪之旅還將提供您與其他藝術愛好者交流的平台。在這裡，您可以與來自世界各地的藝術家分享您的作品，互相學習，共同進步。

現在就加入我們的 AI 繪畫奇幻之旅吧！讓我們一起在無限的藝術世界中遨遊，探索創作的無限可能。讓您的想像力與創造力在這裡綻放，成為無與倫比的藝術家！

套裝行程（百家爭鳴）

【邀請您加入 AI 套裝行程大冒險！】

在這場獨一無二的旅程中，您將擁有由各大 AI 巨頭精心封裝的各式套裝行程，例如 Microsoft Copilot、Google Workspace 和 GitHub Copilot 等。這些強大的合作夥伴，將助您在熟悉的平台上獲得前所未有的升級體驗！在 AI 套裝行程中，您將充分體驗到各大公司的技術實力與誠意。無論是 Microsoft 365、Google Workspace 還是 GitHub，我們將帶給您最先進的 AI 功能，為您的工作與創新提供無限動力。例如：

- **Microsoft Copilot**：讓您在 Microsoft 365 的各項應用中，體驗到人工智慧的強大威力。從智慧文檔編輯、數據分析到項目管理，Microsoft Copilot 將成為您高效工作的得力助手。您熟悉並喜愛的 Microsoft 365 將在這趟旅程中實現前所未有的升級！無論您是專業的辦公高手，還是剛起步的新手，Microsoft Copilot 將協助您更高效地完成各項任務，讓您的生產力提升到全新高度。

- **Google Workspace**：在 Google Workspace 升級版中，您將發現 AI 為您帶來的各種神奇功能。無論是智慧郵件分類、語音辨識還是照片整理，Google Workspace 升級版都將讓您的生活變得更加輕鬆愉快。它將根據您的需求為您量身訂製各種 AI 輔助功能，助您在搜索、文檔編輯、數據分析等方面，取得突破性的進步。而 Google Duet AI 則是程式設計師的好幫手！

- **GitHub Copilot**：在 GitHub 上，您將與 AI 攜手共同創建出更加完美的程式碼。經由智慧程式碼生成、自動化測試與優化，GitHub Copilot 將助您節省時間，提高開發效率。這是程式設計師們的最佳拍檔！GitHub Copilot 將帶您進入全新的程式編碼世界，讓您在開發過程中得到更智慧的提示與建議，使您的程式更加完美。

- **Meta Copilot**：擁抱虛擬世界的無限可能！它讓您在虛擬空間中暢遊無阻，提供獨特的互動體驗，讓您在虛擬世界中創建和分享屬於您的獨特故事。

- **Tesla Copilot**：帶您駕馭未來出行！它為您呈現最先進的自動駕駛技術，讓您在行駛過程中享受到前所未有的舒適與安全。

- **OpenAI Copilot**：探索 AI 的無窮魅力！它會根據您的需求，為您推薦最適合的 AI 解決方案，讓您感受到人工智慧帶來的驚喜與創新。

- **Mathemetica Copilot**：無懼數學挑戰！它讓您在數學問題面前得心應手，為您解決從基礎數學到高等數學的各種難題，使您輕鬆掌握數學的奧祕。

- **SPSS Copilot**：數據分析高手的必備利器！它讓您在數據挖掘、預測分析和統計建模等方面更加得心應手，幫助您從海量數據中挖掘出寶貴的洞察力。

　　現在就加入我們的「套裝行程」大冒險之旅吧！您將迎來工作與生活上的更多便捷與創新，讓您更加事半功倍。讓這些強大的 AI Copilots 成為您事業上的得力助手，為您的創新之路鋪平道路！

自由行（API）

【專為獨特品味與需求訂製的 AI 解決方案！】

在這趟 AI 豪華艦隊旅程中，您還可以打造屬於自己的客製化 AI 服務，將各種 API 接口相互串聯或並聯，滿足您的特殊需求。無論您身在何處、需求如何，我們都為您提供最適合的解決方案。例如：

- **上班族新手媽媽**：在繁忙的工作與照顧孩子之間，我們為您量身訂製的 AI 解決方案，能協助您管理日常生活與工作，節省您寶貴的時間與精力。

- **新創事業創業家**：為潛在投資人募資的過程中，您需要強大的 AI 工具來提升您的創業計畫。我們的客製化 AI 方案將協助您分析市場趨勢、挖掘客戶需求，並優化您的產品策略。

- **新移民**：剛到新環境的您，可能面臨語言、文化和生活習慣的挑戰。我們的客製化 AI 解決方案將助您更快地適應，為您提供語言學習、文化交流以及日常生活指南。

- **電子商務經營者**：您需要靈活高效的 AI 工具，來滿足全球市場與平台的代購需求。我們的客製化 AI 方案將幫助您管理庫存、分析銷售數據以及優化營銷策略。

- **YouTuber**：想要在競爭激烈的影音市場脫穎而出？我們的客製化 AI 解決方案將為您提供內容創意、影片編輯以及營銷推廣的全方位支持。

現在就加入「自由行」之旅吧，無論您的需求多麼獨特，我們都竭誠為您提供最優質的 AI 客製化服務，讓您面對各種挑戰如虎添翼！

奇點行程（AGI）

【讓您探索未來無限可能的終極 AI 之旅！】

在這趟 AI 旅程中，您將親眼見證 AGI（超級人工智慧）達到前所未有的高度，超越人類智慧的極限。讓我們一起揭開 AGI 奇點下的十大驚奇體驗：

- **全球即時翻譯**：超越語言隔閡，與全球各地的人即時交流，打破地域與文化界限。

- **超級創意機器**：以無限創意協助您開創各類藝術、科技與商業領域的嶄新篇章。

- **虛擬現實宇宙**：進入極致真實的虛擬世界，親身體驗過去、現在與未來的奇幻冒險。

- **超越肉體限制**：協助我們超越人體生物學的奧祕，解鎖潛能，獲得更強大的生理與心靈的整合能力。

- **顛覆性醫療創新**：挑戰各類疾病，提供您最優質個人化醫療保健方案。

- **極速學習通道：**協助您以前所未有的速度掌握各種技能，解決各類問題。

- **心靈讀取與模擬：**突破心靈障礙，讓我們更深入了解彼此的情感與需求，促進人際關係和諧。

- **超級決策輔助：**協助您作出最佳決策，讓您在各種挑戰中游刃有餘。

- **星際與時空探索：**助您探索浩瀚宇宙，揭開星際旅行與外星文明的神祕面紗。更引領我們穿越時空，直面過去未來，豐富經歷與認知。

現在就加入！讓這趟終極 AI 之旅盡情擴展！

延伸閱讀

第一部

Alger Fraley, *The Artificial Intelligence and Generative AI Bible: [5 in 1] The Most Updated and Complete Guide | From Understanding the Basics to Delving into GANs, NLP, Prompts, Deep Learning, and Ethics of AI,* AlgoRay Publishing, 2023.

David M. Patel, *Artificial Intelligence & Generative AI for Beginners: The Complete Guide*, Independently published, 2023.

Ajay Agrawal, Joshua Gans, Avi Goldfarb, *Power and Prediction: The Disruptive Economics of Artificial Intelligence*, Harvard Business Review Press, 2022.

第二部

芭芭拉・歐克莉（Barbara Oakley）著，《**大腦喜歡這樣學**》（*A Mind for Numbers*），黃佳瑜譯，木馬文化，2017。

愛德華・波諾（Edward de Bono）著，《**水平思考法**》（*Lateral Thinking*），謝君白譯，桂冠，1995。

約翰・伯格（John Berger）著，《**觀看的方式**》（*Ways of Seeing*），吳莉君譯，文化，2021。

丹尼爾・康納曼（Daniel Kahneman），《**快思慢想**》（*Thinking, Fast and Slow*），洪蘭譯，天下文化，2023。

丹尼爾・高曼（Daniel Goleman）著，《**EQ：決定一生幸福與成就的永恆力量**》（*Emotional Intelligence*），張美惠譯，時報，2016。

班納迪克・安德森（Benedict Anderson）著，《**想像的共同體**》（*Imagined Communities*），吳叡人譯，時報，2010。

安東尼歐・達馬吉歐（Antonio Damasio）著，《**感與知：讓「心」有意識－神經科學大師剖析感受、心智與意識之間關係的科學證據**》（*Feeling & Knowing: Making Minds Conscious*），李明芝譯，商周，2021。

Aldous Huxley（阿道斯・赫胥黎）,*The Art of Seeing*（《**看的藝術**》），Echo Point Books & Media, LLC, 2021.（初版 1942）

第三部

納西姆・尼可拉斯・塔雷伯（Nassim Nicholas Taleb）著，《黑天鵝效應》
（*The Black Swan: The Impact of the Highly Improbable*），林
茂昌譯，大塊文化，2011。

——，《反脆弱》（*Antifragile: Things That Gain from Disorder*），
羅耀宗譯，大塊文化，2013。

——，《隨機騙局：潛藏在生活與市場中的機率陷阱》（*Fooled by
Randomness: The Hidden Role of Chance in Life and in the
Markets*），羅耀宗譯，大塊文化，2014。

——，《黑天鵝語錄（全新擴充版）：隨機世界的生存指南，未知
事物的應對之道》（*The Bed of Procrustes: Philosophical and
Practical Aphorisms*），席玉蘋, 趙盛慈譯，大塊文化，2020。

——，*Statistical Consequences of Fat Tails: Real World
Preasymptotics, Epistemology, and Applications*，STEM
Academic Press, 2020.

史丹利・麥克克里斯托 等（General Stanley McChrystal、Tantum
Collins、David Silverman、Chris Fussell）著，《美軍四星上將教
你打造黃金團隊》（*Team of Teams: New Rules of Engagement
for a Complex World*），吳慕書譯，商周，2016。

喬治・安德斯（George Anders）著，《人文學科的逆襲：「無路用」學
門畢業生的職場出頭術》（*You Can Do Anything: The Surprising
Power of a "Useless" Liberal Arts Education*），李宛蓉譯，時報，
2019 年。

史考特・哈特利（Scott Hartley）著，《書呆與阿宅：理工科技力＋人文洞察力，為科技產業發掘市場需求，解決全球議題》（*The Fuzzy and the Techie: Why the Liberal Arts Will Rule the Digital World*），溫力秦譯，寶鼎，2018。

艾克哈特・托勒（Eckhart Tolle）著，《當下的力量：通往靈性開悟的指引》（*The Power of Now*），梁永安譯，橡實文化，2023。

Cynthia Robbins-Roth (Editor), *Alternative Career in Science*, Academic Pr, 2005.（初版 1998）

Elisabeth Kubler-Ross（伊麗莎白・庫伯勒・羅斯），*On Death and Dying*（《論死亡與臨終》），Scribner Book Company, 1997.（初版 1969）

索引

國家圖書館出版品預行編目(CIP)資料

新 AI 與新人類：學習、認知與生命的進化新路程 / 蘇經天著.
-- 初版 . -- 臺北市：大塊文化 , 2023.09
368 面；14.8×21 公分 . -- （from；150）

ISBN 978-626-7317-69-3 （平裝）

1. 資訊社會 2. 人工智慧 3. 認知科學 4. 複雜系統 5. 進化

541.415   112012932

LOCUS

LOCUS